新时代背景下中职学生思想政治教育工作与管理

孙学娇 著

中国纺织出版社有限公司

内 容 提 要

在全面建设社会主义现代化强国和推进中华民族伟大复兴的新征程中，思想政治教育发挥着重要作用。本书对新时代中职学生思想政治教育工作进行了广泛探索，在对思想政治教育现状进行分析的基础上，分别阐述了思想政治教育的原则和目标，进而探究核心价值观引领学生思想政治教育的路径，对思想政治教育模式提出创新策略，并对思想政治教育的评估工作进行了研究。本书适用于思想政治教育专业研究人员。

图书在版编目（CIP）数据

新时代背景下中职学生思想政治教育工作与管理 / 孙学娇著. -- 北京：中国纺织出版社有限公司，2025.1. -- ISBN 978-7-5229-2457-1

Ⅰ．G711

中国国家版本馆 CIP 数据核字第 2025QM7718 号

责任编辑：段子君　　责任校对：寇晨晨　　责任印制：储志伟

中国纺织出版社有限公司出版发行
地址：北京市朝阳区百子湾东里 A407 号楼　邮政编码：100124
销售电话：010—67004422　传真：010—87155801
http://www.c-textilep.com
中国纺织出版社天猫旗舰店
官方微博 http://weibo.com/2119887771
河北延风印务有限公司印刷　各地新华书店经销
2025 年 1 月第 1 版第 1 次印刷
开本：710×1000　1/16　印张：7.75
字数：133 千字　定价：99.90 元

凡购本书，如有缺页、倒页、脱页，由本社图书营销中心调换

前　言

当前，中国正步入社会主义新时代，以全新的姿态迎接全面建成小康社会的胜利，并进一步推进国家全面建成社会主义现代化强国。随着中国的国际地位日益提升，中国正逐步走向世界舞台的中央，准备为全人类作出更大贡献，展现大国的责任与担当。

正值青春年华的中职生是国家发展动力与活力之泉。他们代表着中华儿女伟大复兴的力量与活力。中等职业学校思想政治教育肩负着为祖国培养社会主义青年人才的重大使命。深入探讨新时代背景下学生的思想政治教育，有助于教育领域的创新和发展，帮助教育者准确把握新时代对青年的期望和要求，培养具有宏伟抱负和强烈责任心的新一代，更好地为我国的社会主义现代化强国建设服务。

当下，学校思想政治教育正面临一种复杂的双重境遇：一方面，新媒体工具的普及使思想政治教育氛围日渐繁杂与多样，相关教育队伍的人员构成、教育手段及面临的学生群体经历了空前挑战，学生在生活习惯、学业进程、心理状态和价值认知方面正承受重大冲击和严峻考验；另一方面，新媒体技术在信息收集、整理以及传播各环节的改革，可以积极促进学生政治立场、价值观念以及道德修养的形成，为学校思想政治教育提供了历史性契机。我们须善用新媒体带来的积极影响，深入研究分析其产生的负面影响，这不但可为当下学校思想政治教育的决策提供参考，也能为新时代背景下创新学生思想政治教育模式提供重要依据。

本书以新时代背景下学生思想政治教育工作与管理为主线，首先分析了新时代学生思想政治教育现状，其次介绍了新时代学生思想政治教育的原则和目标，再次讲述了核心价值观引领学生思想政治教育的路径和学生思想政治教育模式创新，最后提出学生思想政治教育的评估方法和基本原则。本书可作为学生思想政治教育的参考书籍，旨在培养中国特色社会主义事业的合格建设者和可靠接班人。

孙学娇
2024 年 5 月

目　录

第一章　新时代学生思想政治教育现状分析 ………………… 1

　　第一节　学生的时代特点 ……………………………………… 1
　　第二节　新时代学生思想政治教育面临的机遇 ……………… 9
　　第三节　新时代学生思想政治教育面临的挑战 ……………… 15

第二章　新时代学生思想政治教育的原则和目标 …………… 23

　　第一节　新时代学生思想政治教育的原则 …………………… 23
　　第二节　新时代学生思想政治教育的目标 …………………… 30

第三章　核心价值观引领学生思想政治教育的路径 ………… 49

　　第一节　主渠道引领 …………………………………………… 49
　　第二节　校园文化建设引领 …………………………………… 55
　　第三节　社会实践引领 ………………………………………… 61
　　第四节　新媒体引领 …………………………………………… 65

第四章　学生思想政治教育模式创新 ………………………… 69

　　第一节　学生思想政治教育模式创新的内涵 ………………… 69
　　第二节　学生思想政治教育模式存在的主要问题 …………… 83
　　第三节　学生思想政治教育模式问题的成因 ………………… 84
　　第四节　构建学生思想政治教育模式创新的策略 …………… 86

第五章　学生思想政治教育的评估 …………………………… 99

　　第一节　学生思想政治教育评估概述 ………………………… 99
　　第二节　学生思想政治教育评估的原则 ……………………… 105

参考文献 ………………………………………………………… 113

第一章 新时代学生思想政治教育现状分析

第一节 学生的时代特点

一般而言,绝大多数中职学生正值青春年华,这个时期正是他们生命力旺盛、充满青春活力的阶段,同时也是他们价值观形成的重要时期。为了能够更有效地开展学生的思想政治教育工作,我们必须充分把握这一群体的特点。

一、中职学校学生的心理特点

(一)自我意识和表现欲望强

自我意识通常涉及对本人所有内在思想与外在行为的观察与剖析,这不仅包含对自己生理状况和心理特征的了解,也包括对个体与他人交往中互动关系的自我认知和判断。

中职阶段正是学生个性发展最为旺盛的时期,主要表现在他们将关注点从外部世界的探索逐渐转向对内心的深入挖掘,在这一过程中建立了对自己的认知。此时,他们远离了熟悉的生长环境,面对崭新的生活场景和宽松的教学氛围,由此产生自主感和成熟感,在此驱动下他们积极求成长,追求变得更强。

因此,他们极度重视内省和自我评估的过程,随之而生的表现欲也明显提升,他们迫切希望获得别人对自身的认可。他们愿意担起一份责任,取得出色的成绩,借此获得对自我更好的肯定,实现个人的满足感。在密切关注实际生活的同时,他们也希望能够凭借个人的努力对社会作出自己的贡献。

因此,在这个阶段,道德素质的塑造具有极大的潜力。鉴于此,中职学校在思想政治教育中应合理把握这一宝贵机遇,准确施策。当然,也有个别学生未能正确地评价自我,常常过高估计个人能力,无法认清自我,学校思想政治教育针对他们收效甚微。

（二）情感丰富、波动性大

情绪情感乃个体基于外在事物与己所愿是否和谐而产生的心理感触，此种感受以个体的期望与需求为媒介而发挥作用。与此同时，它与个体的需求、动机紧密相关，两者呈现出互补且不可分割的联系。

进入中职学校学习后，学生随着身心的逐步成熟，其个性化需求不断增长，进而产生更多全新需求。在此期间，会出现两种截然不同的心理现象：一方面，当这些需求得到满足时，他们会感受到积极且确定的情感体验，如快乐和热情；另一方面，如果这些需求未能得到适当的满足，便会引发消极且否定性的情绪反应，如愤慨、沮丧或自我贬低。

鉴于中职学生尚未发展出足够全面且理性的自主决断及评判能力，且对事物的认知亦未达到较为完整的水平，所以他们在以未成熟的理念审视外部世界的过程中，难免出现一些意想不到的对立和冲突。

同时，学生因易受外部干扰，其价值观念随之受到影响，因而在对价值观选择中流露出犹豫不决的态度，情感状态出现波动。

（三）情感意识趋于成熟

在学校学习期间，学生的生理发育基本完成，这导致他们对情感意识的认识更加突出。情感意识的增长将极大地帮助学生根据自身性别特质来有意识地塑造自己的形象，更加关注个人的外在形象。同时，他们对异性的注意和追求也越发强烈，使得对情感的渴望不断加深。

随着时代的迅猛发展，中职学生对情感类主题的文本与视觉信息更加宽容开放。他们内心深处，迫切期待能够和异性建立一种互动与对话，乃至交往。

然而，恰恰由于这个原因，他们在心理成长上未能完全成熟，这就不免导致一些问题产生，使得他们长时间陷入一种压抑且不健康的心理状态。

（四）落差和自卑心理显现

在初中阶段，学生总会受到来自教师和家长的鼓励，致力于汲取知识。同时，教师和家长往往将未来学习生活描绘得格外美好，甚至有些超乎现实。

直到步入中职学校，亲历其学习与生活的现实情境，他们才体会到梦想与现实的落差有多大。置身于这一陌生环境，需要与陌生人一同学习生活，并且必须严格遵守学校的规章制度，他们感到困惑，对如何面对挑战、处理问题，以及安排学业和日常生活缺乏方向。一段时间后，他们逐渐明白，实际的校园经历与之前憧憬的理想生活相去甚远，当现实无法满足他们的理想期待时，不免产生失落与挫败感。

而且，这一阶段的学生在小学和初中期间习惯于受到教师与父母的呵护。然而，一旦步入全新的学习环境，情况就大不相同。他们所遇到的同学都各有其特长、学习成绩出色，这个现实使得他们的自信心下降，难以面对这份意料之外的低落，从而导致有些学生自惭形秽、情绪沮丧。

（五）心理基本趋于成熟

中职学生正处于青涩年华向成熟期的过渡阶段，在大多数场合，他们的情感思维渐趋成熟，个性情绪及举止方式等日渐稳固，从道德认知和感性看法角度出发，呈现出颇为稳定的特点，逐渐形成自己的是非观念，并形成对理想、信念及追求的强烈意识，形成了鲜明的个人印记。同时对社会充满责任感与公平意识，随着道德觉悟的上升，他们的道德思维亦步入稳定的轨道。

在遇到公共突发事件时，大多数中职生表现出高涨的热情及主动的互动倾向。然而，他们的人生经历相对欠缺，社会实践经验还不丰富，这让他们在心理发展上略落后于生理发展。因此，当面对复杂问题时，他们往往不能做到全方位、系统性地思考。

因此，道德心理发展的轨迹呈现出正反两方面的特质，既包括正面的影响，也不乏负面的因素。

二、中职学生的思想特点

（一）学生思想追求前卫

随着经济改革不断深入，那些与现代社会发展节奏相符合的理念应运而生，形成了现代特色的思维模式。在现代社会条件下，学生对讨论"赚钱"这一话题持开放态度，他们认识到了金钱的必要性，但并没有将其价值无限放大；他们勇于打破如"三纲五常"这类传统思想限制，致力于构建平等公正的人际互动关系；他们勇敢地表达个人真实情感，直言不讳地提出自己的意见；他们强调个体的自我价值；他们逐渐培养起与社会主义市场经济相适应的思想理念，如重视主体意识、竞争意识、市场意识、环保意识、信息意识以及创新意识等；他们能够用正确的态度对待竞争。

当下的学生群体热衷于走在潮流前沿，他们的观念同样颇具前瞻性，并与当代社会互为影响。自近代以来，学生总是最富思考激情的群体，对各类新生事物怀揣浓厚兴趣，接受并吸收新鲜观点的速度更快，因而常常走在社会发展最前列。较之其他人群，学生思想趋势更为激进，更具时代气息。随着经济体制的不断改革与对外开放，他们不得不汲取广泛的新学识和新理念，这也是他们立于时代潮头的根本因素之一。他们崇尚个性、自信坚定、价值观分明并积极进取；他们在思维上不断推陈出新，与时代同步甚至引领风骚。尽管部分观点未被所有人接受，有的甚至被认为过分追求标新立异，但总体而言，这一群体的思想无疑是积极向好的。

（二）学生思想比较被动

学生在建构个人理念的过程中，最初受到社会思潮的影响，这使他们的观念难以完全脱离既有的框架。再加上他们的知识储备、逻辑思维和心理状况等方面有所局限，结果是他们的思想难以彻底跟随他们的主观心理自由发展，而被社会价值导向和群体思想所左右。即便现在的中职学生成为思想上的积极分子，似乎能独立作出选择，但许多时候这些选择并非出于自愿。从另一角度来看，反映了社会发展到一定阶段的结果。

然而，从众心理与学生被动接受知识的思想有密不可分的关系。所谓从众，是个体在群体施加的影响与压力之下，放弃个人立场，转而与多数人一致的现象。这种社会现象在学生的日常及学习过程中颇为普遍。

在教育过程中，尽管学生最初进入中职学校的时候，无论是分班还是宿舍分配都是基于随机原则，与学习成绩并无关联。但随着时间的推移，人们不难觉察到各个班集体和宿舍群体间的明显分层现象，逐渐形成了一个"步调不一致"的格局。诸如校园里的尖子生、技能测试通过者和竞赛获奖学生等，往往倾向于聚集在某个班级或宿舍区域。

在消费上，学生家庭背景差异显著，由此导致他们生活支出不等，但有部分学生在忽视个人经济实力的情况下，亦步亦趋地追随他人，与家庭经济状况良好的同伴同游同乐，这正是一种盲目从众的反映。

当中职学校毕业生面临职业选择时，他们的决定往往会受到身边环境的影响，例如，相当一部分学生会受到这种环境影响应聘与自己能力相去甚远的大公司。尽管这些岗位竞争十分激烈，常常数十名应聘者争夺一个职位，然而依然存在很多应聘者。但是在众多应聘者中，有大量学生的选择属于跟风心态，并非建立在深思熟虑和个人职业规划之上。同理，部分学生投身其他流行领域的做法或多或少出于此类动机。

在中等职业教育阶段，无论是在学校教育环境还是社会环境中，众多个体都表现出跟风行为，这在一定程度上是人们适应社会环境不可或缺的策略。如果学生能够基于理性选择跟随他人，将有助于提升他们的德育社会化水平。然而，无选择地盲目追随他人往往使学生失去个性，创造力受损，而那些过度屈从于他人意愿的学生则困惑不安，甚至会因无法承受巨大心理压力而产生挫败感。因此，中职学生应当尽量避免从众行为，应坚持自我，依靠自主独立思维去创造属于自己的精彩生活。

（三）学生思想即时多变

即时多变是指学生的思想观念容易被突发事件所触动，进而产生临时的想法。这也体现了他们易于急躁行事的特征。

中职学生具有旺盛的探索欲，易受外在环境的影响，导致他们的思维方式具备多样化趋势，特别是在当代这一多元化的社会背景下，这种情况尤为突出。中职学生的心态并不稳定，面对相同的事务和现象也会表现出不同的心理反应。有时他们为社会主义现代化理念而努力学习，然而一旦遭受挫折和失败，便会感到失望和沮丧；还有时希望成为各个行业的佼佼者。社会上普遍存在对服装、音乐和名人的盲目崇拜现象，同样反映了这个特点。

实际上，当代社会的特点得以体现在学生的思想多变性之中，尤其在信息技术高度发达的今天表现得更为突出。一方面，多变性思想让学生对外部环境的纷扰易于产生反应和波动；另一方面，这样的情况有助于学生的观念塑造，为价值观导向性教育提供了便利。许多学生追随着自己所崇敬的偶像人物，树立正确的崇拜目标能够助力于他们的个人发展。但无节制和盲目的崇拜则可能带来不良后果。社会需要承担起引导的责任，让学生能够合理评估并取其精华，以此促进个人能力的增强。一些出生于富裕家庭的学生尽管最初没有确立符合社会期望的价值观，但在榜样的引领下，他们同样可以树立崇高的道德观，并投身于社会主义事业中。

（四）学生思想充满矛盾

在多元文化交融的时代背景之下，现今的学生思想充满矛盾，具有鲜明的双重性。他们既注重个人价值观念，也不忽视对社会贡献的重要性。在西方思想的影响与中华传统浸染中取得平衡。面对错综复杂的社会状况，他们试图在个人与社会、传统与现代的交错辩证中树立科学的现代思想。总体而言，学生已形成一种科学且正面的思想，尽管仍有部分思想流露出非理性与消极的倾向。

只有社会接受和内化了先进的价值理念，才能激发和确保社会的不断向好发展。改革开放伊始，当代人的价值取向已打破传统框架，形成包括效率、公平、创造性等一系列新理念，它们符合时代需求，积极向上，并且为我国社会主义现代化事业发挥推动作用。然而，不可避免的是，在社会发展的过程中出现大量积极正确的价值理念的同时，也出现了一些世俗化、功利化的拜金主义和享乐主义等消极、反科学的价值观。就目前学生群体而言，物欲化和庸俗化思想倾向逐渐显现。物欲化体现在一些学生对物质追求过度热衷，并因此忽视了精神层面的充实。

中职学生的思想呈现出一种复杂的双面性，既能推动其思想向科学化发展，也容易形成思想上的冲突。这种矛盾在众多场合都有所显现。从生活角度来说，部分学生强调独立自主与自力更生，却在许多事情上依赖父母和朋友；他们追求特立独行的生活方式，但往往这种追求仅停留在表面，并未在本质上有所改观。在职业选择方面，他们既想寻找与所学专业匹配的职业，又期望工作能够契合个人兴趣；他们虽然仰慕理想事业，但实际上更偏好稳定的职位。在道德观念上，中职学生鼓励自己拥有强烈的爱国与团队精神，赞扬自立精神和诚实守信，但对社会行为准则的理解尚浅显。不少学生将书本中的理论视为人生正确指南，然而这些理念往往带有理想化色彩，与实际生活难以完全契合；在对他人的评价中以集体主义为准绳，对自身行为却以个人主义为准绳；他们虽然排斥利己主义，但在涉及个人利益时又显得矛盾，更侧重于自我利益；在他们心中，既蕴含着时代精神，也保留着根植于民族的传统观念。

鉴于中职生思想存在矛盾性，他们在关键时刻往往难以作出正确判断。这主要是由于他们缺乏明确的价值取向，其价值观念系统内部杂乱无章，面对价值观问题，他们常显迷茫，难以及时采取正确的行动。因此，学生在作出价值评估与决策时会产生一系列矛盾心理：既投入关注，又显得漠不关心；既怀抱希冀，又易感沮丧；既显示积极性，又显得目标不明。

（五）学生思想突出主体性

思想的精髓和重点涉及主体与客体、个体与集体、个人发展与社会进步的相互作用。唯有妥善协调这些相互关系，人类社会才能向前发展。每个人都处于社会中，而社会本质上是构筑于众多不同个体之上的社会关系的集合体。

中国古代所倡导的思想理念较之个人的利益与发展，更偏重整体的利益与发展，有时甚至通过群体的力量去制约个体。在改革开放之前，我国给予集体利益以高度重视，认为一个人是否拥有集体至上的观念是衡量其德行高低和个人价值的重要标准。当然，集体主义与整体主义并非同一概念，前者虽然重视集体利益，但并非完全忽略个人利益。

改革开放以来，我国经济体制实现根本性创新，个人尤其中职生逐渐树立了自我独立和主体性。随着由集体主义向个人主义转变，中职学校亦开始重视并推动学生个人化发展，满足其发展需求。学生借鉴对社会及市场趋势的分析与理解，动态规划自己的成长道路和职业生涯，在追求知识和丰富人生体验的同时，积极实现个人价值和尊严，促成自我利益的满足。

当下的社会环境催生了学生明显的个体性，这导致部分学生过度强调个人价值，忽视了集体与个体的相互作用。

（六）学生思想具有冲突性

1. 从冲突主体的角度分析

（1）不同个体之间的思想冲突。中职学生的家庭背景及成长经历存在差异，这种差异导致他们在认知方面和需求维度上的不同，从而催生了彼此间的思想碰撞。在日常生活问题与社会热点问题上，学生常常持有截然不同的见解，进而引发多样的观念争辩。

（2）学生个体与学生群体之间的思想冲突。观察校园生活，我们总能发现一些学生与其他学生格格不入。这部分学生经常感受到来自同伴的冷落，他们的思维方式与普遍的集体观念相去甚远。这些特立独行的学生总是追求与众不同，他们尤其钟情于独创性，且往往拥有出众的创新才能。一旦受到恰当的激励和指导，他们能够利用自身才华为社会贡献力量。然而，若一直对他们视而不见或加以压抑，将激发其内在的破坏性潜能，极端情况下甚至会威胁社会安全。

（3）学生群体之间的思想冲突。针对中职学生而言，根据其年龄分布、所处地域或主要活动的不同，可以将他们区分为多个思想特征各异的学生群体，这些群体间亦充满了种种观念碰撞。例如，一方面，年轻学生群体倾向于主观感受，他们追求的是瞬间的满足，尽管渴望早日自立，但这类愿景并非基于明确的自我认知及实际情况，只是对成年权威的反抗。另一方面，学生经历了辩证思维能力的发展，他们靠自身能力追求和谐发展之道，在这个阶段，他们的思想越发显示出远见、理性与实际性。显而易见，学生群体思想上的差距，导致针对同一价值观会产生不同的评价。同理，不同地区因经济、文化环境的差异，其学生的思想认知会有所区别。在经济繁荣地区的学生或许将财富等同于幸福；而在经济较落后地区的学生则不这么看待财富。此外，在同一地域内，即将就业的学生与刚入校的学生因经历不同，在思想方面存在显著差异，前者更着眼于实际成就，而后者更追求心灵的丰盈。

（4）学生与中年及老年群体间的观念碰撞。中年及老年群体常因他们的生活方式与由此形成的思维定式，相比青年会显得更趋向传统与保守；而学生缺乏丰富的人生体验，对过去的生活并无太多留恋，他们渴望摆脱旧环境，寻求更新的境界。因此，两个年龄段的人的思想观念常常发生碰撞。

2. 从冲突内容的角度分析

（1）集体主义和个人主义的冲突。有些学生对集体主义与个人主义的本质含义、彼此互动及其与市场经济的关系存在模糊认知，导致在调和二者关系时出现失衡，引发冲突对抗。有的学生片面地以市场经济发展的视角来评价个人主义，并且将其置于更为重要的位置；有的学生对个人主义缺乏理解，误将之当作纯粹追求个人利益；还有学生为了广泛传播集体主义价值而提出了激进的反市场经济言论；也有学生在辩解市场经济的道德合理性时，将市场经济替代集体主义。有些学生口头上宣称应坚守社会主义下的集体主义原则，但对此缺乏坚定的信念，根本原因在于其对个人主义和集体主义缺少理论方面的明确认知，并受西方观念的影响，这导致在某些情况下他们支持集体主义，而在另外环境中则偏好个人主义。也有些学生表面上认同集体主义，实际行动却体现了个人主义，显得心口不一。

（2）强调精神价值与强调物质价值的冲突。随着改革开放不断深入和市场经济的逐渐壮大，人们的价值观在物质层面发生变化，对财富的追求比以前更强烈，希望借助劳动获取更多财富，中职学生群体亦是这样。然而，在物质至上思想影响之下，学生对物质的渴望不断增加，在追求物质满足的过程中，部分学生不惜使用任何手段，同时忽视了对精神层面的追求，个别学生甚至铤而走险走上违法犯罪道路以满足欲望。不少学生生活中的选择都紧扣利益，物质追求超越了精神层面的追求，渴望实用知识和实践技能的积累，他们所向往的理想趋向于与自身利益息息相关的实际目标。这体现为校园内盛行的备考、考证现象。在就业选择上，他们更倾向于大城市、高收入等诱惑。尽管部分学生过分重视物质而忽略了精神生活，但仍有大多数学生在追求物质和精神上寻求平衡，他们在追求自我完善和个人成就的同时，也谋求全面发展。在正确引导之下，这类价值观与思想趋向将成为学生思想发展的主流。

三、学生的行为特点

（一）政治关注度较高

学生属于当代青年群体的重要组成部分，思想异常活跃。他们出生于和平年代，无须担忧战乱带来的生存问题，有更多的时间去关注国际形势，对于国家巨变的发展历程拥有深刻的认识。同时，在学校系统性教育下，他们不仅对国家大事给予高度关注，同时对民生疾苦亦有所关注，并对国家政治事务表现出浓厚的参与兴趣。

（二）消费形式多样化

随着社会经济的高速发展，当下中职学生在此环境下成长起来，使他们的思维方式和消费观念与以往的长辈们有所不同，消费方式表现出多方面和多样性特征。这些学生总是走在潮流的前端，渴望追寻独一无二、创新、时尚的商品以展示他们的个性化。

此外，学生在人际关系的构建上亦给予较多关注，为了在社群中得到认可与找到自我位置，常常通过宴请朋友及消费娱乐的方式来满足这种追求。

学生消费主要分为情感消费和社交消费。因受模仿他人的心态和维护自我尊严的需求影响，较常见的是攀比性消费、超前性消费等行为。

（三）网络变主流

在现代社会各个领域，应用最广泛的先进科技莫过于互联网。对那些思维敏捷、易于接受新鲜事物的中职学生而言，互联网自然成了他们投入精力的重心。在这个虚拟空间里，部分学生往往沉迷于游戏和各类休闲娱乐活动，并热衷于线上购物和微博之类的社交网站。

互联网的普及，使绝大部分学生通过虚拟世界躲避现实生活的逆境、挫折、困惑和迷失，最后形成了对互联网极其浓厚的依赖心态。

（四）注重人际交往，方式方法待改进

对于初入中职学校的新生而言，建立人际关系既是他们必备的技能，也标志着他们新的社交圈的形成。显然，这些新生也在主动提升这一方面的能力。

在这一过程当中，也存在部分挑战。一方面，大多数学生思想单纯，警戒意识淡薄，在复杂的社交场合中往往缺乏辨别是非的实践知识与经验；另一方面，受到社会负面风气的侵袭，极少数学生被名利所吸引，表现得过于精明世故。

归纳起来，相比之前，我们所处的社会环境变得更加宽容且变化迅猛。生活在这种环境中的学生，拥有更广博的知识和较强的个体自觉性，并具有较为独立和多元的思维方式。但是现阶段学生生活道路相对平坦，鲜少经历重大挑战与逆境，这使他们在面对困难和挫折时显得不够坚韧，调节自我情绪和承受压力的能力不足，往往情绪反应过于激烈。这类现象在当前的学生中较为普遍。

当前的学生群体具有当代青年普遍具备的特征，这种客观现实源于社会、家庭和个人等多方面因素的综合作用。鉴于此，当我们审视现今学生的诸多特征时，应当公正对待而不是持有偏见，积极引导而不是简单地否定。

第二节 新时代学生思想政治教育面临的机遇

在现代社会，学生被视为国之栋梁、民族的未来，肩负着中华民族伟大复兴的崇高使命。鉴于此，党和国家对中职教育阶段的思想政治教育越来越重视，相应的资源和支持亦日益增长。经过长期的发展和积淀，我国的学生思想政治教育事业取得了许多专业化成果。不过，此类教育活动深受时代特征影响，在实施过程中难免遇到各种各样的挑战与难题。考虑到当今时代发展背景，深入探究学生思想政治教育所面临的各种机遇，有效地提升学生思想政治教育的实际操作性和影响力，使教育内容深入人心，引导学生将理论付诸实践，实现个人成长与社会进步的和谐统一，已成当代思想政治教育的发展主题。

一、全球化给学生思想政治教育带来的机遇

（一）为加强和改进学生思想政治教育注入了强大的力量

全球化发展离不开科学知识提供的强大智力支持，而全球化发展又有力地推动了知识经济发展。知识型经济是指，以信息与知识为主要资源，以知识阶层为主体，依靠科技进步和人才资本推动发展，并以可持续发展为其宏观特征，服务行业及高科技产业构成其经济支柱的一种创新型经济体系。在知识经济时代，创新、智慧、知识成了重要的代名词，这就从理论、方法、地位等方面为学生思想政治教育带来了强大动力。

首先，知识经济使学生思想政治教育的地位更加突出，在知识经济发展过程中，亟须将人放在发展的核心地位。在这个时代，对于人才的培养特别注重其必须拥有高尚的道德品行、先进的思想理念、正确的政治方向及较高的智力水平。这些要求与学生思想政治教育的目标高度吻合。随着知识经济日益深入人心，强化学生思想政治教育的紧迫性越加突出，并且其重要性将日益凸显。

其次，知识经济使学生思想政治教育的方法得到优化。近年来，随着知识经济的发展，众多现代化教育方法被广泛地融入学生思想政治教育中。这样的做法不仅显著提高了思想政治教育在数量分析方面的能力，更优化了定量与定性分析相结合的策略，有效地提高了教学内容的准确性和实效性。

（二）为加强和改进思想政治教育提供了开放的环境

全球化进程推动了全球范围内资源的优化配置，教育资源自然也不例外。换个角度理解，随着全球化的深入，教育资源的开放性和共享性日益增强，这为学生的思想政治教育开辟了更广阔的天地。这意味着，学生现在有机会接触更丰富、更多元的教育资源，使得他们的思想政治教育不再局限于传统框架，而是得以在更开放、更包容的环境中深化和发展。

首先，全球化进程为学生的思想政治教育带来了更多教学素材。实际上，除了深入理解和探讨马克思主义理论的发展及其在中国的独特实践，以及对我国具体社会状况的认识，我们还应当拓宽视野，关注全球范围内多姿多彩的文化景象。这就要求我们将世界文明的广阔视野融入教育中，不仅应该以国际化视野重新解读和评估中国博大精深的传统文化，更需紧扣全球文化、思想和道德发展的脉搏，以更好地造就具有全球视野和深厚文化底蕴的新时代人才。

其次，全球化进程为学生带来了无可比拟的机遇，它激发并促进了他们的全

球视野和竞争精神的提升。这样的环境将鼓励学生打破思维定式，开阔眼界，接纳新的观念，从而使他们的思想政治教育具有现代化和先进的思想根基。同时，全球化使我们能够更轻松地接触和学习国外的思想政治教育的优秀理念，借鉴其成功的实践经验，这对于提高教育质量起到极大的推动作用。

（三）为加强和改进思想政治教育提供了机遇

正如前文提到的，世界经济一体化依托于市场经济的架构，而市场经济的确立和巩固，为中职学生进行思想政治教育提供了优越条件。

首先，市场经济为学生的思想政治教育打下了坚实的物质基础。自国家实行市场经济体制以来，国民经济不断表现出稳定增长趋势，社会生产能力迅猛提升，人民生活水平亦实现大幅提高。这既为学生思想政治教育奠定了坚实的物质基础，同时也为思想政治教育提供了有力的保证，极大提高了思想政治教育的吸引力和说服力。

其次，市场经济为学生的思想政治教育注入了新的生机。在以往的较长时期内，这些教学活动以马克思主义理论为指导，并以帮助学生形成合理且科学的价值观、世界观和人生观作为主要内容，这对学生的个人成长和发展发挥了积极推动作用。随着社会的发展和市场经济理念的广泛普及，价值规律与适者生存的原则日益深入人心。在这样一个时代中，学生的思想政治教育不断发展和深化。它不仅限于传统的教育内容，更融入了社会主义核心价值观，这些新元素为思想政治教育注入了新鲜的活力，使其焕发出更为蓬勃的生命力。

二、社会转型给学生思想政治教育带来的机遇

（一）促进学生思想观念的改变

1. 思想解放，富有开拓创新精神

在中国特色社会主义新时代，各种思潮交融并存，极大地推动了人们思想的解放。在这样的时代背景下，学生得以沉浸于丰富多彩的文化海洋中，其认知边界得以显著拓宽，不再囿于传统观念。同时，他们展现出更开放的心态，对合作的理解更深入，创新意识也更鲜明。

2. 主体意识与竞争意识增强

在社会飞速发展的时代，中职学校教育以扩大招生数量作为突破口，不断向"后勤服务外包"以及"自由就业、校企联合"等模式发展。面对社会各种错综复杂的挑战，当代学生重新审视自我，并采用全新的视角去观察身边事物，展现了独立自主精神。

市场经济体制所推崇的强者生存、弱者淘汰的竞争原则，对社会的各个行业

产生了深远影响,包括中职教育在内的领域。身处竞争氛围当中的学生更加注重独立性和能力的提高,注重个人素质的提升与创造力的加强,以此来应对日益激烈的竞争环境。

3.价值取向多元化

21世纪以来,社会变革的步伐显著加快,引发了全方位的社会转型,这无疑对人们的就业理念产生了深远影响。具体体现为,人们开始打破血缘关系和地域束缚的传统认知,不再被这些因素所局限。在就业领域,以往那种被动接受的工作调动模式正逐步淡出,取而代之的是个体主动寻求职业发展的新趋势。人们开始更加注重个人兴趣与职业发展的契合,积极探寻符合自我价值实现的就业机会。

在当今复杂的社会,思想开放的学生不可避免地会接触各种各样的观念和理念,这些多元的思想碰撞无疑会在他们心中埋下产生不同价值取向的种子。

4.民主与法治意识增强

法治完备是确保市场经济健康运行的坚固基础。在这一框架下,国家、社会、各个组织乃至每位公民的法律意识都被提升到了新的高度。多年的法治教育和普及活动已见成效,广大人民,尤其是学生群体的法律观念得到了明显增强,学生对学校的教育管理规定以及国家的法律法规持有尊重和遵守的态度,他们的自我行为规范能力也有了明显提高。

(二)为学生思想政治教育提供了新的环境氛围

新时代背景下,中职教育面临新的社会环境。民主、平等、自由、竞争、协作等市场经济提倡的理念逐步获得了广泛认同,并逐步融入中职学校的思想政治教育之中,构建起一种民主和谐、公平对话、创新进取的政治思想教育氛围。市场经济体制下注重科学、民主、效率与实用的管理方式,对学生思想政治教育的管理体系及其模式产生了重大影响,促进了新型思想政治教育管理体制与模式的诞生。与此同时,中职学校与社会的边界正变得越来越模糊,两者之间在多个层次和领域展开了深入的交流与协作,这不仅加速了社会主义市场经济架构的构建步伐,也推动了中职学校自身的改革与发展。

(三)为学生思想政治教育注入了新的活力

经济社会发展的新局面赋予传统中职学校思想政治教育以新鲜力量,拓宽了新的视野,并充实了中职学校学生政治教育的内涵。这一进程为改进和加强思想政治教育提供了新的思路。由于社会各阶层在经济地位上的差异,他们普遍具备多元化的心理需求和价值取向。随着人们的目光投向全球以及接触信息的增多,个体的思想充满活力,趋向实用的特点日益彰显。人们在政治、经济、文化领域的选择变得更为自主、灵活、多样。这些变革都为中职学校思想政治教育提出了新的挑战，要求其必须迅速做出调整，以适应新形势，主动吸纳利用多方面的有利因素，进一步认识和掌握在社会转型阶段有效进行思想政治教育的特点与内在规律。

三、新媒体为学生思想政治教育带来了新机遇

受新媒体技术的影响，学生思想政治教育迎来了新气象。新媒体对思想政治教育产生了深远影响，它所带来的技术手段被广泛应用于学生的思想政治教育中，不仅为教师提供了更加高效方便的教学条件，还极大地拓展了教育方式的多样性，同时也在一定程度上加深了教学内容的深度。

在新媒体时代背景下，与传统的思想政治教育形式相比，学生接受的思想政治教育更加生动有趣，这种现象我们把它命名为"思想政治教育的激活理论"。

（一）新媒体使思想政治教育实现了信息交流双向化

新媒体的兴起使信息的接收者与传递者之间的互动变得更为紧密，参与者从信息的浏览者转变为信息的创造者。互联网新媒体日益成为公众舆论新态势的主要构成，并演变为思想文化信息和对社会观点的集散器。当代学生借助网络平台迅速便捷地密切关注社会公共事务和时事焦点，并通过平台发表个人观点，积极融入社会洪流。这种参与公共事务的途径更加便捷，更具有影响力。

（二）新媒体使思想政治教育内容、手段更具多样性和灵活性

过去，中职学校在进行学生思想政治教育时，常依赖授课、阅读新闻报道、撰写书面报告等传统途径，这些做法花费了教师大量的时间和精力去搜集、甄选并整理教学内容。这种传统的教育模式通常以单向传授的方式向学生灌输知识，其对学生成长的促进作用极其有限。随着网络科技的迅猛发展和新媒体平台的普及，思想政治教育的传播效能大大提升，这正是其较之传统媒体的突出优势之一。借助新媒体手段，可以大幅削减在信息收集、甄选与分析等环节的时耗，形成一种协作式教学。依托新媒体技术施教不只让学生通过多重感官体验知识的传播，更胜在多重感官体验知识的学习成效。特别是融合虚拟现实技术于教育过程，能够通过图像、音频、动画和仿真环境等多元方式，激发学生多重感官，极大提升学习动力和学习效果。因此，中职学校思想政治教育工作者需要摒弃那些陈旧的教育模式，改进教育方法，运用当下科学技术与先进的传播渠道，从而有效提高学生思想政治教育的实际效益。

（三）新媒体为思想政治教育提供了新的学习资源

众所周知，新媒体发展的关键驱动力在于创新，同样，思想政治教育亦需根植于创新理念。借助新媒体发展过程中体现的创新观念与先进思想，思想政治教育实现效益最大化，基于新媒体这一平台，紧跟时代步伐，思想政治教育必将迎来新生。针对学生群体的思想政治教育，若从实际出发，创新教学内容与方式更符合学生自身特点，这种教育方法不仅更契合现实，还能够使知识渠道更广泛，增强学生对知识的内化与吸纳能力。

（四）新媒体使思想政治教育的空间更加广阔

网络的普及扫除了地理间隔所造成的沟通阻碍，使人际交流更加便捷。随着网络科技的不断发展和广泛运用，地球仿佛被压缩为一个联通的地球村，人们足不出户就能熟知世界各地的动态与信息，有助于开阔眼界。将新媒体融入学生思想政治教育中，不仅拓宽教育领域，更提升传播力。相对于传统教育模式，受教育者的数量由有限扩充至无限，这为我们传播马克思主义理论及社会主义核心价值观奠定了坚实的基础。例如，当学生须掌握某一专业领域的知识和信息时，无须局限于具体的时间或空间去学习，只需通过一台可上网的终端设备，便可随时随地访问到所需了解的内容，包括政治、经济、文化、教育、军事、生活等信息。

基于网络平台发展而来的在线互动教育方式，极大地拓展了中职学校思想政治教育的传播渠道。这样的网络教育形式冲破了传统"校园"与"社会"的界限，使处于任何地点的学生都能借助网络实现学习资源的共享，并与其他学生进行沟通与讨论，随时向师资团队咨询或展开深入探讨。更为重要的是，家长可以通过网络随时了解孩子的学习情况，并与学校进行紧密互动，双方携手加强对学生成长的关注与指导，有效促进学习成绩的提升。在线互动式学习的实施，已将原本仅对特定群体开放的狭窄教育空间转变为面向社会公众、更开放的学习环境，从而大幅扩展了思想政治教育的辐射范围，并有助于全社会思想政治素质的提升。

在传统场景下，中职学校思想政治教育多以课堂授课形式展开。然而，新媒体的介入创造了广阔的学习空间。学生得以借助网络平台，接触世界各地的多种思潮、地域文化与生活习惯，扩大思想政治教育的社会覆盖面。网络技术的普及使校园与外界的界限变得模糊，学生不必局限于校园生活，而是能在虚拟的信息世界中，逐步触动社会的脉动，从而夯实其步入社会的思想基础。

总之，学生群体与新媒体之间是一种不可分割的关系，并受其直接影响。新媒体不仅提供了丰富的信息源，而且具有交互性，进而为思想引领工作提供多种途径和方法。思想政治教育工作者应该深入了解学生的实际情况，借助新媒体的特殊优势，引发学生对思想政治教育内容的兴趣，鼓励他们建立对新媒体的正确、客观、综合性认知。学生需借助新媒体提升综合素质，并自觉抵制消极信息干扰，作出合理判断，实现自身能力的全面发展。

第三节　新时代学生思想政治教育面临的挑战

当下环境的变化为学生思想政治教育提供了契机的同时，也带来巨大挑战。探究这些挑战将有利于我们采取有效措施，进而增强学生思想政治教育的效果。

一、全球化给学生思想政治教育带来的挑战

（一）学生思想政治教育难度增加

全球化对学生的思想政治教育提出了前所未有的挑战，导致其复杂性增强，这主要反映在两个方面。

首先，世界各国积极推进经济一体化主要是为了提高经济收益，这不但增强了经济因素在促进社会发展方面的作用，也逐渐淡化了道德价值在人们心中的地位，同时使经济利益在价值观念形成上产生重大影响。这一现象在中职学校思想政治教育上同样存在，体现为学生对思想政治教育的越发冷淡。作为民族未来的希望和社会主义事业的接班人与建设者，学生对国家发展具有举足轻重的作用。因此，一方面，必须继续做好学生的学科知识教学；另一方面，必须坚持"德育为先"原则，不断巩固思想政治教育在整个教育体系的地位。

其次，市场经济体制导致中职学生心境发生转变，也与其思想理念发生碰撞。具体而言，现代学生的成长期恰逢我国社会主义市场经济快速发展期，这造成学生个人主体意识的显著增强。他们普遍渴望经济领域的自立和个性化发展的自由，从而导致集体主义精神相对减弱。若缺乏适时且高效的引导与教育，他们会走向个人至上的极端。此外，在经济利益的多重诱惑下，他们容易舍弃伦理道德和政治立场的考量，进而在思想上出现迷茫，甚至会深陷金钱至上的泥潭。因此，为确保学生走上正确、科学和健康的发展道路，加强学生的思想政治教育至关重要。

（二）学生思想政治教育将面对多元文化挑战

随着全球经济一体化趋势不断加深，各国纷纷拓展知识商品贸易、加大知识产权保护力度，并将服务业与知识产业的国际化纳入其外交政策。由此而产生的不同政治体制与思想文化之间的思想政治竞争尤为激烈。中职教育领域，培养学

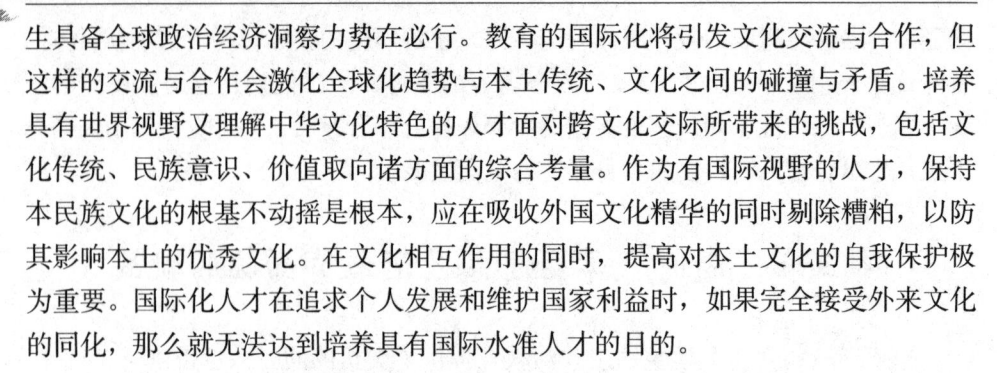

生具备全球政治经济洞察力势在必行。教育的国际化将引发文化交流与合作,但这样的交流与合作会激化全球化趋势与本土传统、文化之间的碰撞与矛盾。培养具有世界视野又理解中华文化特色的人才面对跨文化交际所带来的挑战,包括文化传统、民族意识、价值取向诸方面的综合考量。作为有国际视野的人才,保持本民族文化的根基不动摇是根本,应在吸收外国文化精华的同时剔除糟粕,以防其影响本土的优秀文化。在文化相互作用的同时,提高对本土文化的自我保护极为重要。国际化人才在追求个人发展和维护国家利益时,如果完全接受外来文化的同化,那么就无法达到培养具有国际水准人才的目的。

二、社会转型给学生思想政治教育带来的挑战

(一)学习精神陷入困境

学习精神是弘扬科学的探索精神,尊重理性与实证,倡导人文关怀,体现当代师生对知识的无尽追求。学习精神也孕育着超越常规的勇气,鼓励独立思考和批判性思维,培养不拘泥于现状、勇于挑战的精神。它同时蕴含着功利主义的务实态度,现实主义的理智审视,以及理想主义的高尚情操,使学生群体能够与时俱进,积极适应社会发展的大潮。

学习精神在社会转型时期主要面临以下困境。

1. 人文精神发展相对滞后

人文精神,实质上是人类对自身存在意义的深度思考和社会主义核心价值观认同,它是对人类在社会实践活动中的行为准则、活力激发以及自我认知的提炼与综合。这种精神内核触及生态环境、生命本质、生活哲学等诸多方面。在中职学校这个特定的环境中,人文精神提倡尊重个体的独特性和自由发展,同时倡导人与自然之间的和谐共生,构建一种和谐、公正、开放的人际交往氛围,重视个体的主观能动性和理智判断。人文精神鼓励人们充分发掘和实现自身的价值。它倡导不畏现实,勇于对超越当下的理想世界进行不懈的探寻,以此彰显中职教育应有的历史担当和对社会的责任感。这种精神力量推动学生不断进步,也影响每一个在其中学习和成长的个体。

在当代社会飞速发展过程中,科技进步发挥极为重要的作用,因此对科学的认可度空前提高。尤其在中职学校里,技术类专业学生往往对于文史哲等人文学科缺乏热忱。需要警惕的是,科技进步如同一把"双刃剑"。科技在为人类社会带来便利和进步的同时,也可能引发诸如人性扭曲、公共秩序遭到破坏、生态失衡、精神空虚、伦理标准松动、资源配置不均等问题。若未对科技施加适当的管理与限制,它就有可能给人类造成灾难。因而,在承认科技积极影响的同时,还应该高度提倡和加强对人文精神的重视,确保科技的前进道路遵循伦理道德的原

则和人文精神，尽可能地降低科学负面效应，发挥其应有的正面价值。换言之，科技的创新与发展离不开人文精神的规范和指引。

2.对理想的追求现实化

学校鼓励学生积极追逐梦想，必须培养一颗矢志不渝的赤子之心，并针对既有成就永不满足。这正体现了校园文化中争做先锋的精神动力。具体而言，这种理想主义体现在以下方面：培养并保持社会担当和历史使命的自觉，追求精神方面的升华，坚信现实世界是澄明有序的，而未来是光明的。

在考察教育工作者的态度时，我们发现受功利主义影响，他们对知识的深入探索逐步转变成为追求名誉的敲门砖，以至于成为实现个人利益的途径。那些视研究为生命的学者往往孜孜以求、不懈探索，终生与书本为伍。这种耐得住寂寞的大师精神弥足珍贵。在对比中可以发现，学术领域的不规范行为、违反学术道德行为、伪造学术成果以及学术内容的虚浮泛滥等现象屡见不鲜。

对学生而言，他们所受的现实主义风潮逐渐削弱了追求理想和坚持真理的热情，精神修养亦不再是重点。反而整日埋头苦读，表面看来尚如往昔，但内心仅为了以优异成绩换取市场认可的学历证书，有些学生更将之作为跻身社会精英阶层、积累财富的阶梯。显而易见的是，学生正在经历价值观念与实用主义之间的偏差，同时也失去了作为学生的精神追求。他们正在从理想主义的高地，滑向现实主义的深渊。

（二）校园文化价值冲突

1."中"与"外"的文化冲突

社会转型带来的中国社会内部的变化，是一个由封闭向开放的转变过程。我们不只是吸纳了海外的人才、资金与科技，外来的文化亦随之涌入。这便导致本土文化与外来文化发生正面碰撞，其中尤以本土文化的情感理念、从众观念与西方文化的理性意识、个体主义之间的抵触最为明显。

在西方文化的影响之下，愈来愈多的学生自我意识开始觉醒。他们逐渐采纳了一种理性的观点，以新的眼光审察当下社会，审视历史，并培养出独有的质疑态度与批判思维。其实质上对中国传统文化所提倡的集体主义及顺从思想，造成剧烈的改变。

2."旧"与"新"的价值冲突

在社会转型期，在选择和评价各种价值观时，旧有与新兴价值观之间的碰撞不可避免。具体而言，一种是新生的发展力量，一种是根植于往昔的保守力量。学生身处这一价值理念的旋涡之中，不得不应对现代与传统的文化观念冲突。

3. "俗"与"雅"的冲突

在社会转型期，形形色色的文化模式逐一登上社会舞台，既有通俗文化，也有高雅文化。通俗文化多传达对未来的疑虑、对永恒的忽略、追求即时利益的价值导向，通常具有肤浅、媚俗的文化特质，容易满足中职生对感官的某些追求。而与之形成鲜明对比的高雅文化，则蕴含着理性、智慧的精神实质，追求真、善、美的价值理念，致力于深刻阐释人类文明最纯粹、最崇高的内涵。

鉴于现阶段的实际情形，通俗文化在学生群体内占有更重要的地位。这既归因于社会飞速发展带来的浮躁情绪，也与学生急功近利的价值观念有紧密联系。

（三）学生道德信念危机

信念是人类在认知、情感与意志融汇交织下的产物，是个体在个人与社会实践过程中对各类事物和理念形成的高度信服与绝对忠诚，同时构成人类精神动力的重要支柱。信念能激励人们艰苦奋斗、不懈追求，是精神的推动者。道德是信仰的体现形式与生效路径之一。故而，道德信念不只是指对道德规范、道德理想、人生观的坚信，更涵盖基于这一信念的秉持道德的强烈责任感。显而易见，道德作为根植于人心的自律准则，只有被真心诚意地接受，方能在日常生活中化作人的具体行动。

转型期的社会背景在许多方面发生了改变，随之而来的是人们价值观的偏移。这一趋势也影响了部分学生，导致其道德信念出现危机。此类危机主要反映在逾期不归还借款、失信行为和考试舞弊等不良行为激增等方面。

三、新媒体给学生思想政治教育带来的挑战

（一）新媒体环境中存在一些不利因素

1. 文化环境的多元化

新媒体的诞生引领全球性的重大变化，突破空间界限，让"不出门知天下事"不再是梦想。来自世界各地不同领域的人们得以在数字平台上互相沟通。随着这些数字渠道的建立，各种文化逐渐互相交流、交融，提高了交流效率，促进了文化的相互融合和发展。然而，这样的深度交流也带来了文化差异的显现和摩擦。面对新媒体环境，东西方文化碰撞难以避免，本土与外来文化矛盾凸显，一些不良西方文化成分乘虚而入，给文化生态带来了挑战。由于新媒体的开放性，较之现实社会，文化的传播与融合更为迅捷，不良信息及文化的传播与扩散更为容易。所有这些现象，无疑使学校思想政治教育具有复杂性和挑战性。

2. 政治环境具有潜隐性

互联网这种代表性的数字平台首先于美国应运而生，继而在欧美国家广泛传播。在这些发展水平较高的国家，典型的做法是将自身文化和理念推广至发展中国家，并利用网络平台的即时传播特性推广他们的政治观点，以此宣扬他们的政治体制和所谓"民主"价值，全力向发展中国家灌输其政治文化、政治理念以及政治意识形态等，中国不得不面对这样的文化渗透。因此，对于我国的政治思想和意识形态建设而言，新媒体产生的负面影响不应被低估。它为中国带来了众多隐蔽的风险。尤其是中国目前正值社会变革的重要阶段，新媒体技术和相关治理机制尚不成熟，对信息内容的管理和过滤力度相对薄弱。

3. 舆论环境具有难控性

随着新媒体的兴起，公众言论获得了前所未有的自由度。新媒体平台为不同社会阶层和地域之间的互动提供途径，使得言论无所不及。这给大众媒体在言论监管和控制方面带来了前所未有的挑战。新媒体信息的流动性大和随机性强，不良内容肆意扩散。因此，法律法规的制定与执行对于监管新媒体中不当信息的扩散至关重要。

4. 理性环境缺乏

借助互联网平台，人们得以自由表达观点，且表达过程不受时间和空间约束。但这也为不法之徒提供了可乘之机，其行为背离了道德和伦理。同时，不少人因此染上了所谓的"网络依赖症"。很多青少年因沉迷于网络而选择退学，个别学生甚至铤而走险，网络犯罪事件此起彼伏。网络的普及还导致人际关系日益冷淡，无论是家庭、同事还是朋友之间的联系都因为网络干扰而大打折扣，个别家庭关系也因此瓦解。总之，互联网的广泛应用在给社会带来便捷的同时，也带来了安全隐忧，使人们在处理问题时缺乏深思熟虑和理性判断。

5. 伦理环境具有困惑性

许多人看到新媒体的虚拟性，由此产生一种误解：经由新媒体的活动均不受约束，从而催生诸多道德伦理方面的问题。随着新媒体时代的到来，道德相对论、反体制思想以及个人至上的理念不断蔓延并流行起来。这是因为大众广泛持有这样的错觉：在新媒体构筑的自由虚拟空间里，个人的言行不会曝光于众，不易被察觉，更不会因不端行为或不道德表现而遭受公众舆论的谴责。于是，新媒体变成了一些人不良思想与行为滋生的沃土，同时传统的道德理念、价值体系及伦理观念遭受了剧烈冲击。

上述新媒体背景下所出现的实际问题，给学生的思想政治教育带来了巨大挑战，并且增加了思想政治教育工作的难度。

（二）网络话语的解构功能明显优于结构功能

如今盛行的网络用语与我们传统的话语思维大相径庭，其实质上已经对既定的政治或社会用语制度构成了颠覆。以微博为例，一旦某个表面看来平平无奇的社会话题在突然间被众多网民所喜爱，便会立刻产生连锁反应，迅速在网友之间广为传播，不断吸引眼球及引发公众讨论，最终还会使这样的网络热议话题变成整个社会的舆论热点。

（三）复杂环境对马克思主义传播形成挑战

现代多媒体平台以其广泛的信息覆盖范围和丰富的内容资源备受瞩目，然而开放自由与信息碎片化的属性却易于在信息传播过程中发生扭曲，导致接收者产生信息的误读或歪曲，进而偏离事实本身。例如，在微博这样的社交网络中，辨别真伪始终成为平台应用中的一大难题。在缺乏有力监管支撑下，假信息在这一平台泛滥成灾，严重损害大众舆论的客观性。由此可见，新媒体在传播信息时所表现出来的诸多特点，已经成为传播反对马克思主义立场、敌视社会主义意识以及其他错误观点和携带隐秘目的虚假信息的特殊渠道，对学生群体的思想认知产生了消极影响。

（四）新媒体的发展导致人际关系疏离，思想政治教育出现沟通障碍

在当代社会，人与人之间的交往主要借助电子工具，比如计算机、手机来完成的。一般来说，个人可以通过电子邮件、各种即时通信应用如 QQ 和微信、视频网络会议或网络电话等方式快速且方便地进行交流。较之过去缓慢的书信往来，这些手段消除时间与空间的障碍，使相互联系更为迅速而密切。然而，现实中个体都聚焦于手头的智能手机或电脑上的网络世界，在现实的社交互动中出现难以跨越的隔阂，这导致人际交往日益冷漠、失去温情，且人们对个人安全的感知也在逐步减弱。

受此情况影响，在对学生进行思想政治教育的过程中，教师和学生之间常会遇到沟通障碍。如果缺少在心灵方面的互通与交融，双方在观念、情感以及体验上将难以产生深入的相互影响。个别学生选择封闭内心，他人无法与之亲近，这无疑增加了思想政治教育的难度。

（五）新媒体对思想政治教育者的素质提出了更高要求

在信息时代背景下，尽管教师的重要使命仍旧在于教书育人，其具体实践方式相较于传统手段却大有不同。昔日的课堂里，教师作为知识的唯一传授者在讲台上居中主导，而学生则围绕他们。但随着新媒体时代的来临，传统格局已被打破。学生得以通过新媒体直接接触并掌握所需知识，而这些信息较之教师讲解更

为翔实，其表现手法丰富多彩、直观生动。面对这种形势，教师需要加大自身的知识储备，不仅需要积累海量知识，更需要探索将知识以生动、形象的方式展现出来，这无疑对他们的思维、语言和应变能力提出了新挑战和新要求。因此，教师必须与时俱进，不断提升自我传授知识的能力和技巧，以适应错综复杂的新媒体环境。

第二章　新时代学生思想政治教育的原则和目标

第一节　新时代学生思想政治教育的原则

思想教育的根本原则深植于教学过程的各个环节，并贯穿于整个思想教育活动。这些原则并非固化的条文，亦非死板教条或是命令，而是具有导向性的指南。在新时代背景下，只有遵循思想政治教育的根本原则并在实际执行中不断坚持，思想政治教育工作才能不断提升其实效性和适应性。

一、坚持以习近平新时代中国特色社会主义思想铸魂育人

习近平新时代中国特色社会主义思想涵盖改革发展稳定、内政外交国防、治党治国治军等方方面面，全国上下都应当围绕其内容，进行系统化、科学化的多元部署和贯彻落实。作为青年人的聚集地和人才的摇篮，学校汇聚了大量优秀知识分子和专业人才。理解并把握习近平新时代中国特色社会主义思想的精髓，真正做到学懂、弄通、做实，并将其运用到实际教学中，对于国家和民族的发展至关重要。

学生作为广大青年中的中坚力量，肩负着重大的民族使命和历史责任。因此，进行爱国主义教育和理想信念教育对他们来说至关重要且十分迫切。学校应引导学生在学习、生活和工作中，以理论学习为基础，以理论运用为目标，把握习近平新时代中国特色社会主义思想的核心要义。

（一）习近平新时代中国特色社会主义思想对学生思想政治教育的指导意义

党的十八大以来，以习近平同志为核心的党中央始终不忘初心，牢记使命，以人民为中心，勇于担当，励精图治，推动中国人民和中华民族沿着新时代的道路砥砺前行。长期以来，学生思想政治教育一直是学校育人功能的重要路径之

一。其目的在于提高学生的思想觉悟，坚定政治信仰，提升个人思想道德水平和文化修养。学生是全面建设社会主义现代化国家、全面推进中华民族伟大复兴的重要力量之一。学生正处于世界观、人生观、价值观日趋成熟的重要阶段。为实现中华民族伟大复兴的中国梦，必须正确引导和塑造学生的思想，帮助他们实现人生价值，为社会主义现代化建设提供强有力的智力支持和思想保障。因此，在学生思想政治教育过程中，学校要结合新时代学生的特点，循序渐进地引导学生学习习近平新时代中国特色社会主义思想，帮助学生树立全面建设社会主义现代化国家的理想信念。

（二）习近平新时代中国特色社会主义思想融入学生思想政治教育的路径

1. 以思想政治理论课为主战场，系统学习习近平新时代中国特色社会主义思想

思想政治理论课在学生思想政治教育中扮演着极其重要的角色。教师应当高度重视思想政治理论课的育人功能，在课堂上深入浅出地系统讲授习近平新时代中国特色社会主义思想。首先，作为教育者，教师必须深刻理解并全面领会习近平新时代中国特色社会主义思想的核心要义，只有这样才能够灵活运用，在实际教学中将其贯穿始终，提高教育的实效性。其次，教师需要仔细分析和把握当代学生的特点。这些学生具有鲜明的个性，拥有理想和想法，他们对于单一枯燥的教学模式往往缺乏兴趣，甚至会排斥。因此，教师应结合学生的特点创新教学模式，让学生由被动的知识接收者转变为主动的知识获取者。教师可以让学生以小组形式学习习近平新时代中国特色社会主义思想，确保每个学生都能够系统深入地学习，同时充分发挥他们的主观能动性，通过互联网信息搜索、图书馆资料查阅等方式扩展学习深度，增强学习效果。此外，那些学习效果显著的学生可以利用PPT演示文稿在课堂上与同学分享自己的学习心得和感悟。最后，在教学过程中，教师应将习近平新时代中国特色社会主义思想与时事相结合，以体现其巨大魅力。教师可以展示国家建设发展取得的重大成就，让学生看得见、感受得到，以激发他们的学习兴趣，进而真正使学习习近平新时代中国特色社会主义思想不断深入和落实。

2. 利用专业课程教学，有机融入习近平新时代中国特色社会主义思想

除了思想政治理论课外，学生还需要学习一系列专业课程，包括专业理论课、实践课等，这些专业课程在课程体系中占据主导地位，门数众多，学生与专业课程教师的接触时间也相对较多。因此，学校需要通过各种途径，提升专业课程教师学习习近平新时代中国特色社会主义思想的主动性和自觉性。专业课程教师应认识到将习近平新时代中国特色社会主义思想融入学生思想政治教育不只是

思想政治理论课教师的责任。他们不仅要善于传授专业知识，更应以"润物细无声"的方式将习近平新时代中国特色社会主义思想融入专业课程中。这样，学生在学习专业知识的同时也能够深刻理解习近平新时代中国特色社会主义思想，提升自身的思想境界，树立正确的价值观和人生观。另外，专业课程教师融入习近平新时代中国特色社会主义思想可以指导教学改革创新，培养学生的批判性思维，从而既培养专业素质过硬的人才，又保证人才的思想道德情操，实现智育、德育双管齐下，为全面建设社会主义现代化国家培养德才兼备的高素质人才。

专业课程教学直接关系学生专业能力的提升和未来就业的发展。因此，在专业课程的教学过程中，教师应以学生专业能力的提升为主要目标，以学生就业为引导，以立德树人为核心。教师要将党的重大理论成果——习近平新时代中国特色社会主义思想与实际社会生产密切结合，激发学生的爱党爱国情怀，引导学生树立正确的思想政治意识，坚定政治立场。

3. 以校园文化建设为媒介，深化习近平新时代中国特色社会主义思想宣传

校园文化与课程教学相辅相成，相互促进。在学生思想政治教育中，学习和宣传习近平新时代中国特色社会主义思想应成为教育工作者，特别是思想政治教育工作者的重要使命。在校园文化建设中，要充分发挥广大党员和团员的先锋模范作用，开展习近平新时代中国特色社会主义思想宣传活动。

校园文化是学生精神力量的重要来源之一。学校各级团组织、学生会、学生社团是组织学生文化活动的重要力量。他们应积极开展以习近平新时代中国特色社会主义思想为主题的教育活动，并指导教师正确引导学生，强化他们的主动学习意识。此外，还应加大对习近平新时代中国特色社会主义思想的宣传力度和深度。文化活动可以通过微视频制作、演讲比赛、知识竞赛、主题征文比赛、主题党团日、专题讲座等形式开展。在开展之前，要进行精心组织和广泛动员，通过张贴海报、制作宣传栏、悬挂横幅等方式，营造出浓厚的习近平新时代中国特色社会主义思想学习氛围。宿舍文化也是校园文化的重要组成部分，宿舍不仅是学生休息的地方，更是感受文化精神的场所。学校可以以宿舍为单位，开展星级文明宿舍评选等活动，促使学生将习近平新时代中国特色社会主义思想内化于心、外化于行，时刻以此指导自己的学习、工作和生活。

二、坚持社会主义核心价值观的引领

社会主义核心价值观是新时代中国特色社会主义事业的重要支撑，对于培养担当民族复兴大任的时代新人具有重大意义。学生作为国家的未来和民族的希望，他们的思想政治教育至关重要。

（一）社会主义核心价值观与学生思想政治教育的内在联系

社会主义核心价值观包括国家层面的富强、民主、文明、和谐，社会层面的自由、平等、公正、法治，以及个人层面的爱国、敬业、诚信、友善。这些价值观旨在振奋起人们的精气神、增强全民族的精神纽带，从而为实现中华民族伟大复兴的中国梦凝聚力量。

学生思想政治教育是通过教育引导和培养学生树立正确的世界观、人生观和价值观，形成良好的道德品质和社会行为规范。社会主义核心价值观与学生思想政治教育在本质上是一致的，都是要培养具有正确价值观的社会主义建设者和接班人。在新时代背景下，社会主义核心价值观为学生思想政治教育提供了明确的方向和目标，引领学生树立正确的价值观，为国家和民族的发展贡献自己的力量。

（二）社会主义核心价值观在学生思想政治教育中的引领作用

强化学生社会主义核心价值观的理论认同是学生思想政治教育的基础。通过理论教育，学生深刻理解社会主义核心价值观的科学内涵和实践要求，从而增强对社会主义核心价值观的信仰和自信。

培养学生的道德品质是社会主义核心价值观在个人层面的具体体现。通过开展道德教育，教师引导学生树立正确的道德观念，践行社会主义核心价值观，形成良好的道德品质。

社会责任意识是社会主义核心价值观在社会层面的要求。通过社会实践和志愿服务等活动，教师培养学生的社会责任意识，使他们关心社会、服务社会，为实现中华民族伟大复兴的中国梦贡献自己的力量。

推动学生的全面发展是社会主义核心价值观在教育领域的具体体现。通过优化课程体系、加强师资队伍建设、改进教育方法等措施，促进学生的德、智、体、美、劳全面发展，为社会主义事业培养合格的建设者和接班人。

（三）充分发挥社会主义核心价值观在学生思想政治教育中的作用

（1）加强理论教育，提高学生的理论认同。要加强对学生社会主义核心价值观的理论教育，使他们深刻理解社会主义核心价值观的科学内涵和实践要求。一是要将社会主义核心价值观融入课程体系，确保学生能够全面、系统地掌握社会主义核心价值观；二是要加强社会主义核心价值观的研究和宣传，推动理论创新，为学生提供丰富的理论资源；三是要开展多样化的理论教育活动，如讲座、研讨会、辩论赛等，激发学生的学习兴趣和参与热情。

（2）强化实践育人，培养学生的社会责任意识。实践是检验真理的唯一标准。要充分发挥实践育人的作用，引导学生将社会主义核心价值观融入实际行

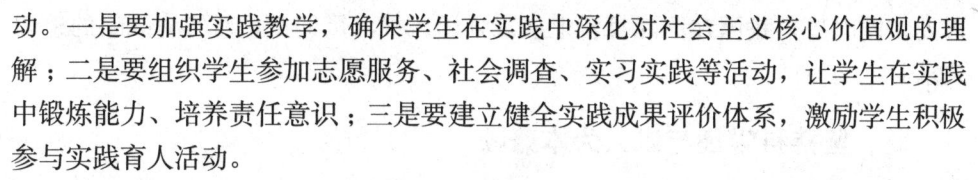

动。一是要加强实践教学，确保学生在实践中深化对社会主义核心价值观的理解；二是要组织学生参加志愿服务、社会调查、实习实践等活动，让学生在实践中锻炼能力、培养责任意识；三是要建立健全实践成果评价体系，激励学生积极参与实践育人活动。

（3）优化教育环境，促进学生的全面发展。要优化学生思想政治教育的环境，为学生提供良好的成长氛围。一是要加强师资队伍建设，选拔优秀的人才从事学生思想政治教育工作，提高教育质量；二是要深化教育改革，创新教育方法，使学生在学习、生活中感受到社会主义核心价值观的魅力；三是要加强校园文化建设，以丰富多彩的校园活动为载体，让学生在潜移默化中接受社会主义核心价值观的熏陶。

（4）构建协同育人机制，形成教育合力。要充分发挥家庭、学校、社会等多方共同作用，构建协同育人机制。一是要加强家庭与学校的沟通与合作，共同关注学生的成长与发展；二是要发挥社会资源的积极作用，为学生提供更多实践锻炼的机会；三是要建立健全政策法规，加强对学生思想政治教育工作的监督与管理，确保社会主义核心价值观在学生教育中得到全面贯彻落实。

总之，社会主义核心价值观在学生思想政治教育中的引领作用是全方位的，在新时代背景下，社会主义核心价值观在学生思想政治教育中的引领作用越发凸显。它包括教育内容、教育方法、教育环境等多个方面。我们要紧紧抓住这个核心，不断创新教育模式，提高教育质量，为培养具有正确价值观的社会主义建设者和接班人而努力。

三、坚持吸收中华传统文化的精华

我国拥有五千年的华夏文明，其文化传统如江河般绵延不绝，丰富而深厚。"天行健，君子以自强不息；地势坤，君子以厚德载物""先天下之忧而忧，后天下之乐而乐""己欲立而立人，己欲达而达人""天时不如地利，地利不如人和"等都是中华价值观的重要组成部分。它们深深烙印在每一个华夏儿女心中，是中华民族独特的文化基因和精神内核，也是中华民族的精神支柱和智慧结晶，更是民族精神的象征和灵魂所在。

中华优秀传统文化所蕴含的深厚文化遗产，为思想政治教育提供了深厚的思想智慧和文化基础，二者本质上是相互融合的。悠久的五千年华夏文明，历久不衰，意蕴深长，既体现了对美好社会的向往，又展现了务实进取、积极作为的生活态度，逐步构建了以爱国、和谐、诚信为主轴的伦理观念和道义规范。

在如今推进具有中国特色的社会主义事业的进程当中，中华文化的传统复兴不仅体现这一文明自我复兴的根本需求，也构成实现中华民族伟大复兴的客观需要，同时更是我国在国际舞台上展现强国风采，贯彻文化软实力战略的迫切要求。

四、坚持科学性与以人为本兼顾

现代思想政治教育，是中国共产党在该领域丰富经验的理论升华，不仅具有科学性，反映了教育的客观规律，还富有价值性，在其指导下实施的教育实践能够满足社会和人的全面发展的要求。以人为本是一种内涵丰富的哲学概念，其核心原则在于将"人"置于一切评价和价值选择的中心地位，它既是起点，又是立足点，更是最终目标。以人为本的实践需要实现以下三个方面。

（1）依照人类的角度来把握和领悟彼此，将人性视作万事万物的出发点和核心，构筑以人为本的观念体系，对外部世界及其诸多事务的考量中不仅要遵循历史的衡量标准，同样要建立以人为本的衡量标准。在思想政治教育领域内，建立人的衡量标准即意味着在认知、理解并与其他人互动时，应视对方为一个与自己地位平等且同样拥有独立思想与个性特质的具体存在。

（2）强调人的主体作用和重要性。在社会历史进程中，人类不仅占据主导地位，也是促进社会向前发展的基本动力，是真正的历史创造者。

（3）以人为立足点，尊重人、理解人、关心人、发展人。只有在进行思想道德教育的过程中，始终贯彻人本思想，把人视为一切社会联系的集合体这一关键所在，才能在互相交往与互动之中，使自身的德行素养得到不断提高与完善。

在进行思想政治教育过程中，必须重视知识内容的科学性与以人为本的原则。首先，保证教育教学内容所包含信息的科学性；其次，提高师生之间的交流效率，保证信息交流的准确性和理念阐释的缜密性；最后，关注教学方法的科学性，教育者应致力于激发学生的积极性，并适应其认知方式。通过设立问题情境，教师引导学生能够自主地获取学习主导权，鼓励他们自主地进行思考。在此过程中，思想政治教育必须深刻理解并贯彻以人为本的教育理念，始终认识到学生是自我成长与选择的主导者，并通过教学互动激发其个人潜力。按照人本教育的理念推动学生思想政治教育工作的发展，并帮助学生确立普遍的主体意识。

五、坚持理论性与实践性相统一

思想政治教育必须坚持理论与实践相统一的根本原则。这不仅体现了经济基础与上层建筑在社会活动中的相互作用，也恰好符合求真务实、针对实际制定思想原则的核心思想。理论与实践相统一是指导一切活动的重要原则，并且是思想政治教育的根基。首先，须摒除自以为是的思维方式。与理论与实践相统一的原则相违背的主观主义，属于唯心论和形式主义范畴，它割裂了理论与现实的关系，因此，教师在教学中必须坚决抵制它。在开展思想政治教育时，教师要坚决抵制条条框框和只凭经验行事的做法，恪守教学的普遍规律和原则，利用多样化的教学方法，结合学生的思想情况，重视个性化教学，促进每个学生的个性化发展。其次，思想政治教育需要紧密关注实际问题。脱离实际的理论会变得毫无生机，同样地，思想政治教育如果与实际相脱节就会沦为无实质内容的讲授，不仅达不到既定的教学效果，还可能引起学生的反感和抵制。因此，教师在教育的过程中要坚持不懈地追求理论与实际相结合。这里提到的"实际"，既包括思想政治教育的宏观环境，也包括学生具体的思想实际状态。深入掌握教育对象的具体思想情况，方能准确找到问题的要害，实施其所想，制订切实有效的策略与措施。

思想政治教育是理论性与实践性相统一的过程。在思想品德构建上，实际行动起基础性作用，既是内在修养升华的驱动力，也构成了评价思想政治教育成效的标准。教师要将理论与实践的统一寓教于各类行为之中，在不经意间进行教育，走"论道而不说教"路线，将思想政治教育内容自然地融入日常的各项实践中，确保教育与实践的有机结合。另外，教师务必重视实践活动的真实性和深刻性，即在开展思想政治教育时，强调教学质量的提高，保证实践活动中蕴含的教育内涵，从实际行动到精神内核的转变，以及对生活各领域的深入探讨，如此方可实现思想政治教育内容与实际生活的紧密结合，取得最理想的教育成效。

六、坚持自主选择与积极引导相结合

就目前情形而言，"多元化"显然已臻于不可逆转。在这种趋势推动之下，公众观念普遍倾向于多元化发展，导致人们个性化需求和个性化倾向的显著增强，这一现象在过往历史时期前所未有。考虑到这一点，思想政治教育工作务必要坚持独立选择与积极引导相结合原则，既要尊重并突出学生作为教育对象的主体性地位，同时也要最大化教师在教育过程中的主导性和影响力。

换言之，在思想政治教育过程中，教育者应认可学生自主选择的重要性，并主动引导其明确和解析自我价值观与思想之中的困惑，引领学生主动选取与社会主义核心价值观相一致的理念。由此可见，在思想政治教育过程中，分析批判及提出疑问的能力极为重要，只有通过培养学生分辨各种价值观好坏的能力，才能使他们在社会的多元环境下保持对自我的清醒认识，自觉地摒弃错误的价值观念，坚持积极向上的社会价值取向，远离盲目从众。在教育实践中，教师避免使用强制性教学方法，教学策略应富于多样性，并须立足于学生的直接体验和实际的社会情形。通过小组讨论和网络交流等形式，教师引导学生积极参与，探讨不

同观点产生的正、负面影响，并针对现行价值观进行辩证思考，增强思想政治教育实效性。

七、坚持差异性与层次性并举

在进行思想政治教育时，教师应该尊重个体差异，实施差异性的教育方法，这是遵循个体差异性原则的体现。

推行差异性的教学方法，鼓励教师重视每位学生的实际情况，尊重他们的个性，并根据每个学生的个人需要，提供适合的、多元化的学习选择和辅助资源。在教育过程中，教师要实行差异性的教育策略，帮助学生探索与理解自己的价值，对自己发展潜力保持自信，并适时给予关心、肯定与鼓励，同时不忘给予提醒、启发和帮助，使学生逐步具备自我教育能力。此外，教师应根据自身特点选取最适合的教学方法和教育风格，让学生在差异性教学交互中发掘适合自身特点的学习路径。

层次性原则是基于学生本身的独特性质来确定并挑选差异化的教学内容及策略，层层深入地进行思想政治教育。思想政治教育坚持层次性原则，因为它是受各个学生差异性影响的结果。由于个体在能力、品行、认识及素养上的不同，教育实践应依据这些差异沿着不同途径有区别地推进。思想政治教育的层次性必须结合其广泛性与前瞻性。倘若摒弃其广泛性，教育就会失去与受教育者以及实践的紧密联系，从而使理论教育难以见效；若是忽视了其前瞻性，便有削弱或忽视党的指导的风险，这种情况下，也存在偏离社会主义和共产主义方向的风险。

不同个体的思想政治素养和认知水平参差不齐，因此，教师在开展思想政治教育的过程中，应秉持兼顾差异性与层次性原则。教师必须认识到每个学生的独特性，尊重他们的思想差异，理解他们的个性需求，这样才能有的放矢地进行教育，最大限度地提高思想政治教育的效果。

第二节　新时代学生思想政治教育的目标

在开展思想政治教育之前，教育者心中往往已经想象一个理想的受教育者形象，即他们应当具备哪些思想、政治立场和道德素质。其宗旨在于明确这一教学过程所追求的具体目标，即期望学生所形成的思想、政治和道德品质。因此，可以断言，思想政治教育的目标直接决定了该教育过程的预期成效，它规定了教育成果的质量标准，并对整个教育过程发挥引导、调节和控制的作用。

思想政治教育的指导原则，已融入整体的教育实践和中职教育的总体目标之中，同时在《中华人民共和国教育法》（以下简称《教育法》）等重要文件中得到体现。

一、学生思想政治教育目标的内涵诠释

中职学校思想政治教育以理想信念教育为核心，重点强化爱国主义教育，奠定思想品德基础，引导学生成人成才。思想政治教育倡导思想解放、客观求真、紧跟时代步伐，始终贯彻人本教育理念，紧密贴合现实、生活和学生需要，力求思想政治教育内容针对性和实效性较强，且具有吸引力与感召力。通过这一教育方针，培养德、智、体、美、劳全面发展的社会主义事业合格建设者和可靠后备力量。对社会主义工作者来说，这一统一要求意味着学生必须成为社会主义事业的建设者，并在社会主义建设的过程中成为值得信赖的接班人。具体而言，这一标准主要体现在以下几个方面。

（一）德、智、体、美、劳全面发展者

德、智、体、美、劳全面发展是思想政治教育追求的核心目标，旨在通过五育——品德教育、知识教育、身体教育、审美教育和劳动教育的全面施教，实现学生在德、智、体、美、劳各个方面的发展。

1. 德

德育是学生全面发展的重要组成部分。它涉及教育工作者依据社会规范，有意识、有策略、有步骤地从思想认知、政治立场以及伦理道德等方面对学生进行熏陶，目的在于让学生积极理解并实践，培养出社会所需要的品德素质。良好的品德能确保学生朝着社会期望的方向发展，更是激发和促进他们全面发展的源泉与动力。具体体现在以下几个重要方面。

（1）在思想政治方面，培养学生热爱祖国、具备民族荣誉感与自信心，主动维护国家尊严及各族人民的和谐；确立无私奉献、为百姓谋福祉的信念；拥护共产党的领导及其基本路线，确立在共产党的领导下走中国特色社会主义道路、实现中华民族伟大复兴的共同理想与坚定信念；确立科学的世界观和方法论，了解国家主要政治、经济、文化制度，能够正确认识人类历史发展的规律；具有民主法治基本观念，自觉遵纪守法，运用法律赋予的民主权利，主动承担法律所规定的义务，维护校园及社会稳定；推崇科学精神，拒绝迷信落后和恶习陋俗。

（2）在道德素养和文明行为方面，学生应充分认识自我成长与周围环境的紧密关系，包括个人与他人、团队、国家乃至整个社会和民族的关系。他们需要具备将国家利益、集体利益与个人利益相结合的集体主义精神，积极遵循社会道德准则，以坚韧的奋斗意志和强烈的责任感为行动导向。同时，以诚为本，敬业奉献，谦虚谨慎，热心助人，尊重师长，以礼待人，坚决抵制任何消极的社会风气。此外，他们应当严格遵守学校规章制度，共同维护校园的安全和谐与良好

秩序。

（3）在个性品质和能力方面，提升其自我完善的人文素养，形成科学的思维方式。能够准确鉴别真伪美丑，拥有不断追求创新的热情。同时，随着社会的发展变化，具备适应社会要求的能力，如勇于创新、公正竞争、团队合作、自给自足等，并且具备分析社会纷繁现象、作出判断和采取行动的能力。他们不仅拥有出色的个人品质和坚定的意志力，而且保持自尊、自爱、自律与自强。拥有积极的生活态度，能在困境逆境中具有超常的心理承受与调节能力。

2. 智

才智与智力是中职学生全面发展的重要组成部分之一，它们代表着教师有意识、有计划和有条理地向学生灌输一整套文化和科学的知识以及技术技能。才智既属于学生参与社会主义事业的必备实践能力，也决定他们能否成为对国家有用的人才。培养学生具有高尚的道德品质、健康的审美趣味和理论化的健康知识，必须建立在知识与技能之上，依托于智力方面。这一点体现在几个具体方面。

（1）确保学生能在人文及科技理论范畴内形成平衡且深远的知识结构，既要在自己专业领域达到一定程度，也要拥有广博的知识面，构建既合理又优化的知识体系，以适应他们未来职业生涯的发展需要。这套体系主要包括人文社会科学、自然科学以及特定的专业知识。人文社会科学部分覆盖了从哲学到经济、政治、法律、文学、伦理等方面的基本理论和方法。自然科学则是对人类改造自然的经验总结，归纳了事物的本质和规律，囊括了数学、物理、化学、天文、气象等领域的基本理论，以及农业、生物学等领域的实际应用相关的内容。专业知识则涉及某个专业领域的稳定而有系统的知识体系，包含该领域的基础理论与基础知识。学生应努力在其专业范畴内打下牢固的理论和实际操作能力的基础，并不断扩展自己的知识领域，以促进文化素质和专业能力的提升。

（2）学生应掌握日常生活中普遍应用的技能，具备各学科领域的基本操作及策略，包含学习技能、操作技能及社交技能等。尤其重视对学生创造力和实际操作能力的培养。在新时代背景下，具备创新精神和创新能力对高质量人才培养至关重要，这也是他们在未来激烈竞争中取得优势的决定性因素。此外，实践能力同等重要，学生需要培养优秀的思考能力和相应的动手能力，确保所学知识能够得到有效应用。

（3）在智力发展方面，促其拥有良好的观察力、想象力、形象思维能力、创新能力、自主学习能力以及分析和应对问题的能力；拓展知识视野，激发学生的兴趣与专长，培养其求真务实、独立思考的学习态度和不懈探索新知的精神。

3. 体

体是指人的身体，它构成学生综合素养提升的基本要素。体育活动是指通过

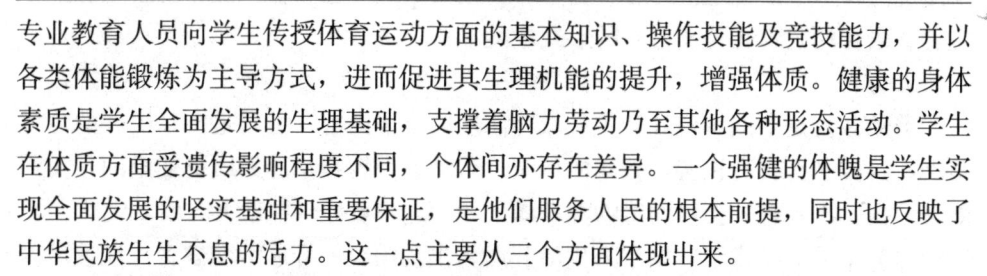

专业教育人员向学生传授体育运动方面的基本知识、操作技能及竞技能力，并以各类体能锻炼为主导方式，进而促进其生理机能的提升，增强体质。健康的身体素质是学生全面发展的生理基础，支撑着脑力劳动乃至其他各种形态活动。学生在体质方面受遗传影响程度不同，个体间亦存在差异。一个强健的体魄是学生实现全面发展的坚实基础和重要保证，是他们服务人民的根本前提，同时也反映了中华民族生生不息的活力。这一点主要从三个方面体现出来。

（1）身体素质。针对身体素质，教师通过多种适当的方式，系统性地安排学生进行体能训练，促进他们的生理成长与身体健康，强健体质，培养健康的身体状态及满足日常生活及工作需求的体能；同时，他们还能掌握体育锻炼的必备知识和基本技能、技巧和策略，并逐渐形成主动进行体育锻炼的好习惯。

（2）卫生习惯。在健康维护方面，教师应该教育学生积累丰富的健康知识，养成良好的卫生习惯，并注重在日常生活中身体的保养。

（3）体育道德。教师应培养学生高尚的体育道德。体育活动作为一个体现人类文化素养的重要领域，它可以促进学生形成互助合作的集体意识，锻炼坚韧的意志，并培养积极向上的性格特点。

4. 美

审美理念，对于学生的全面发展而言，也是不可或缺的重要部分。审美教育旨在培养学生确立正确的美学观点，同时兼具辨识美、赏析美以及创造美等多方面才能，进而培养其高尚的情感品质和文化素养。这一理念具体表现在以下方面。

（1）在审美观方面，通过运用辩证唯物主义的文学艺术观念及其理论来充实学生的思想，促使他们建立起正确的艺术认识和审美标准。此外，教师培养他们对美进行细致比较及深入分析的能力，提升他们的精神层次，使他们能够分辨真善美与假恶丑。他们将具备体验现实之美和艺术之美，以及审美的想象能力，涵养风雅情操，具有高尚的审美情感，抵御各类精神污染。

（2）在审美知识和能力提升方面，旨在使学生成为既有审美意识，又有审美能力的个体，具有正确理解与善于欣赏艺术之美的知识与能力，并拥有运用正确的审美观去分析和评价艺术创作及社会优秀艺术现象的能力；了解多种艺术表现手法的技巧与特点，同时具有高尚艺术涵养，积极参与艺术实践，不断提高自己的审美能力，充实精神生活。

（3）在培养学生的审美实践能力方面，旨在让他们不仅具备感知与鉴赏美的能力，更赋予他们创作现实与艺术之美的能力，进而提升各类艺术形态的演出与创作能力；主动将美融入日常生活、学习、劳动以及各类活动之中，在此过程中渐渐养成井然有序、清洁美化环境及生活的日常习惯；形成健康的兴趣与爱好，学习依据审美规律来创造生活，培养美好的情操和健全的人格，实现内心的精神之美、语言的艺术之美及行动的形式之美。

5. 劳

劳动教育是中国特色社会主义教育制度的重要内容。劳动是中华民族的传统美德，我国一直有重视劳动教育的传统。劳动教育旨在培养素质更加全面、实践能力更强、更具有社会责任感的高素质人才。这一点体现在以下方面。

（1）培养劳动意识。以个人生活起居为主要内容，开展劳动教育，注重培养学生的劳动意识，使学生懂得人人都要劳动，感知劳动乐趣，爱惜劳动成果。

（2）培养热爱劳动的习惯。学生应养成劳动的习惯，形成以劳动为荣，以懒惰为耻的品质，抵制好逸恶劳、贪图享受、不劳而获、奢侈浪费等恶习的影响。

（3）学习是学生的主要劳动。教育学生勤奋学习，将来担负起艰巨的社会主义现代化建设任务，并教育学生正确对待就业和社会生产实践。

当下，德、智、体、美、劳已成为我国学校教育发展的目标，五种教育彼此依托、互补，既保持各自独立，亦息息相关、相互影响，共同形成了一个和谐整体。在这个整体中，道德修养为学生的全面发展提供了思想基础，为其保持正向的发展趋势和动力源泉；智育铺设了理论与智慧的基础，对所有素质的养成都提供了知识与技能的支持；强健的体魄构筑了身体方面的支撑，满足素质提升所需的生理条件；美学修为则促进和提升学生的道德、智力和体质水平，这种修为贯穿于发展的各个阶段，在心理与生理健康以及协调发展方面发挥重要作用；劳动教育具有综合育人价值，不仅可以培养劳动素养，还扮演着以劳树德、以劳增智、以劳强体、以劳育美的基础性角色。因此，思想政治教育的目的在于通过德、智、体、美、劳五个维度的综合培养，培养德才兼备的新时代人才。

（二）社会主义现代化的合格建设者

培养符合社会主义现代化要求的合格建设者是中职思想政治教育工作的主要目标之一。身为社会主义现代化事业的合格建设者，学生不仅需在德、智、体、美、劳各方面全面发展，而且在创新能力和社会责任感方面还须满足更高标准，这一点主要从几个方面得以体现。

1. 勇于创新

勇于创新属于社会主义现代化合格建设者的必备素质之一。置身于知识经济时代，创新能力已成为时代风貌的精髓所在，构筑民族进步的灵魂核心，并成为兴旺发达的不竭动力。没有创新精神的国家，将难以屹立于世界民族之林。创新对于提升国力至关重要。当前，人类正进入一个科技日新月异的重要时期，谁能占据科技和知识创新的制高点，谁就能在激烈的世界竞争中赢得先机。创新者的培养主要靠学校教育，学生承载着创新者的重任。学生的创新能力强弱，直接关乎社会主义现代化事业能否繁荣昌盛，也是他们个人取得成功的必要基础与条件。作为社会主义现代化事业的建设者，学生应把敢于创新作为成就自身并成为优秀社会主义现代化建设者的培养目标要求。

面对中职学生的教育目标，传统上较为偏重广泛的基础知识教学。这类灌输式的教学模式在课堂中占据核心地位，从而使学生在学习选择和积极性方面表现不佳。受中国传统文化影响，有些学生在自我未来发展规划上缺乏主观意识，存在过分保守及缺乏竞争意识的心理状态，这在一定程度上阻碍了他们个性化发展与创造力的发挥。因而，在倡导全面发展的素质教育中，教师更须着力培养学生的创新意愿、创新态度、创新思维及创新能力，这将有助于他们成长为一名有能力参与社会主义现代化建设的合格公民。

在培养学生想象力方面，教师应逐渐扩展学生的想象空间，让他们超越对具体事物的固守，得以在脑海中自主地构想未曾有过的意象，从而让他们的思维能超前至未来的可能性。想象力即是在原有的形象基础之上，大脑能够自行创造出全新意象的能力。它被视作创造的源泉，是流经创新全程的生命力，也是创新技能中最高阶的体现。目前，创新型想象力在提升学生创造力方面已占主导地位，成为其创造力发展的关键心理依托。教师应当尊重学生的个性差异，提供富于挑战性的学习环境，以此培养学生的想象力，并激起其探索未知的欲望；通过建立一个和谐环境，激发其展现个人想象的热情。

在创新思维方式方面，教师应引导学生改变思维定式、思维惯性和思维封闭，锻炼创新思维，强化创新技能，掌握科学的创新思维方式，如形象思维、联想思维、灵感思维、模糊思维、迂回思维、逆向思维、发散思维、聚焦思维、相似剩余思维等。

在促进学生创新实践的过程中，教师应鼓励他们在具体的实践活动中大胆探索新观点与新方法，以此改革旧有的依靠课本知识、重视理论学习的教学方式，强化他们实践技能的培养。通过动手实践，可以培养学生对其学科领域的热情以及创造性思维能力；抛弃对专家权威的盲目崇拜和对课本知识的单一追求；在进一步加深专业知识的同时拓宽视野，积极参与校园外的科学探究，增强主动创新的自觉性和紧迫感，激发内在的创新潜力，消除对创新过程的神秘感与敬畏心理，逐渐养成不断创新的好习惯。

在培养学生成长的过程中，教师应着重提升他们的创新意识，使其养成敢于挑战权威的创新态度，具有大无畏的探索精神，并鼓励其勇于想象和实验，不拘泥于传统，勇敢提出创新性观点；塑造积极向上的心态和明确的进取方向，避免盲目顺从和墨守成规；锤炼坚定不移的决心和全身心投入真理探究的热情，正确面对创新过程中的甘苦和各种挑战，主动消除在创新之路上可能出现的恐惧、自卑和懒散等心理障碍。

2.强烈的社会责任感

合格的社会主义现代化建设者必须树立的一大核心素质便是社会责任感。它代表个体需要面对整个社会肩负的职责、任务以及责任，反映个体与群体间的相互关系，其核心价值指向的是整个社会的共同利益。社会责任感的本质属于一种道德情怀，体现为个人对民族、集体乃至他人的道德义务。一个人不可能脱离社会而存在，人的一切行为倾向均受社会中多种因素的影响而形成。人与社会相互构成，相辅相成，没有人可以在社会体系外独自生存或成就辉煌。因此，我们每个人都应怀抱一份对他人和社会整体负责的观念，而不应单纯追求个人私欲。学生承担着国家未来建设的职责，他们即将担负国家和社会的重任。承担社会责任是历史赋予他们的使命。学生如果仅仅掌握了专业知识和技能，而不能怀抱为国家和民族着想的胸怀，缺乏改善社会、服务人民的责任意识，仅以个人利益为行事准则，缺少为国家和民族作贡献的精神，即便专业技能高超，也不能达到社会主义现代化建设者的标准。

如今，诸多中职学生偏重个人利益的社会责任论调尤甚。他们并不否定社会责任的必要性，但这种意识往往未能贯彻于日常行为中。当个人利益与社会利益发生冲突时，他们更倾向以个人利益为先，认为社会应首先满足个体的要求，在事关国家大义的问题上，往往以自利行为作为评判的主导原则，把自己的利益看得比集体利益和国家利益还重，片面割裂了个人和集体、个人利益和公共利益的紧密关系。因而，教师教育学生自觉地将个人利益与社会呼声相协调，肩负更深层次的社会责任，树立坚定的社会责任感对其成长极为重要，这既是国家发展的需要，也是培养合格的社会主义现代化建设者的根本宗旨。

通过教育导向，中职学生能深刻理解并妥善处理好个人与国家、社会之间的关系，重视祖国的未来与民族的命运，将个人的发展融入国家和社会的发展之中；培养集体主义观念，使个人追求与集体需要相协调，按照社会的需求调整自我心态，依靠集体力量，发挥团体优势，实现职业成就；强调为国为民的奉献精神，优先考虑集体利益，个体的需求顺应集体，克己奉公；勤于攻读，恪守职业操守；坚持公平诚实，和睦相处，注重团体，坚韧拼搏。

增进学生对社会责任的认识，培养其拥有良好的公民意识，同时明确权利与义务的正确内涵；认识到责任的本质是义务，每一位公民在享有各项权益的同时，也要承担基本的社会责任，对个人行为产生的结果承担相应后果，增强社会责任意识；深刻把握公民权利和义务的根本性质，并遵循享有权利与自由的原则，形成自觉行使公民权利与承担公民义务的良好习惯；加强学生对祖国的归属感，树立国家利益至上的思想，主动维护国家利益；加深学生对民主理念的理解，让他们正确认识民主制度与法制框架的关系，自觉地研习、遵循、利用法律，积极捍卫他人的合法权利，支持独立思考和表达不同意见；增强学生对社会参与感的自觉性，激励他们热心投入集体事务与活动，关心国家及社会的关键议题，投身于民主管理和监督的职责，主动肩负社会职责。

通过教育的影响，中职学生能深刻领会除了履行普通社会公民的职责外，还要承担在中国共产党的领导下，走具有中国特色的社会主义道路，实现中华民族伟大复兴这一战略性使命。这不仅反映了在新时代下，青年群体肩负的巨大社会责任，同时亦展现了他们肩上崇高的历史责任，这两者都直接和国家的繁荣及民族的盛衰息息相关。因此，学生应当勇于挑战，为国家的发展壮大贡献自己的才智与力量。

（三）社会主义的可靠接班人

中职学校在进行学生思想政治教育时，不仅要将其培养为符合社会主义要求的合格建设者，对那些出类拔萃的先进人物，在其政治立场与理想信仰方面，还要加强引导与培养，使他们成为未来社会主义事业的可靠接班人。

1.坚定的马克思主义立场、观点和方法

立场是自身认识与处理问题的立足点、出发点、归宿。立场决定个人观点与对策，影响行为举止与情感。学生应主动构建立足于马克思主义的信仰、思想体系与行为准则，这对于培养他们成为可靠的社会主义接班人极为关键。马克思主义理论是基于众多历史才智结晶、人类历史经验沉淀特别是工人阶级革命实践经验而形成的科学理论。它阐明了社会的发展规律，代表对自然界、社会及思维规律的科学性认识，不仅理论深刻，而且具有科学性，更是社会主义核心价值体系的灵魂。马克思主义的立场、理念与实践路径，是其科学思想体系的精髓所在。作为社会主义的可靠接班人，中职学生必须始终坚持用马克思主义立场、观点和方法来分析社会发展趋势，认识复杂社会环境，把握事物根本，确立正确的发展路径，从而准确诠释和改造世界。这种立场在多个方面得以具体体现。

在接受马克思主义思想熏陶的过程中，学生应全面掌握党的基本理论、基本路线、基本方略，从而树立以人民为本的立场和观念。衡量一个人政治立场的坚定性关键在于其立足点的取向——是站在谁的立场、依托谁的力量。矢志不渝地维护人民群众利益，这就是马克思主义的核心政治立场和我党的根本价值取向。中国共产党作为坚定的马克思主义政党，始终代表最广大人民的利益，践行全心全意为人民服务的根本宗旨。所以，学生坚定不移地站在维护人民利益的一边，是培养他们成为值得信赖的未来社会主义接班人的重要政治课题。

学生通过深化对马克思主义基本原理的认识，掌握并实践唯物辩证法。唯物辩证法揭示了自然界、社会发展及人类思想演化的根本规律，奠定了无产阶级的思想基础和行动指南。学生将所学知识化为行动，掌握和运用事物的内在联系与相互依存的规律。通过实际行动，学生能深入了解万事万物之间的联系，认识到一切人和事都根植于一定的社会环境，与政治、经济、文化和历史有密不可分的联系，分析问题时必须从多个角度考虑各种复杂情况。同时，学生能掌握如何认识和利用事物的矛盾性，认识到事物之所以向前发展必须经历内在和外部的矛盾动力，任何事物的发展都是内外因素相互作用的结果；所有的事物都具有普遍性和特殊性的双重属性，应在共同点中发现差异，在个别中寻求共同之处。这样可以保证他们的观点能随外界实际状况的变化而更新。他们应该敢于打破传统观念的束缚，紧跟时代的步伐，坚守真理，并尊重实际工作。

2. 崇高的理想信念

作为精神的基石，理想对于人的一生及社会起重要作用。远大理想有助于人选定与时俱进的社会角色，在人生征途上谱写价值篇章。学生群体作为祖国社会主义现代化建设的突击队，其理想寄托着实现民族振兴宏伟目标的历史重任。因此，教师要引导学生树立远大理想，并为之而奋斗，这正是学生思想政治教育的核心要旨。

（1）坚定的社会主义信念。在弘扬具有中国特色的社会主义核心价值观的过程中，教师致力于培养青年学生成为社会主义的可靠接班人。教师鼓励他们充分认识社会发展规律，坚定地信仰马克思主义，并认可其作为科学社会主义理论和实践的正确性。同时，学生应树立建设中国特色社会主义国家的信念。他们不仅拥护社会主义制度，而且热情地支持并坚定地走社会主义的发展道路，形成符合中国特色的社会主义共识。这种共识代表了全国人民共同奋斗的方向和目标，融合了马克思主义原理与中国现实，是在中国共产党的领导下为实现中华民族伟大复兴而奋斗的宏伟蓝图。

全民族的奋斗目标是建设一个富强、民主、文明与和谐的社会主义现代化强国。这种共识广泛体现了人民群众的利益和愿景，具有包容性。学生应该深化对这一共同目标的认可与支持，并努力实现。

在此过程中，学生应成为社会主义的忠诚拥护者和积极实践者，以坚定的信念支持改革。他们应充分认识社会主义的必然性与优越性，同时对其发展的挑战保持清醒认识，理性面对现实挑战，妥善应对社会冲突与问题，并合理平衡理想与现实、目标与途径的关系。同时，他们应积极参与社会主义现代化建设中，全心全意为建设具有中国特色的社会主义事业贡献力量，并勇于抵抗任何损害社会主义事业的行为。

（2）远大的共产主义理想。通过积极引导，教师逐渐培养学生对共产主义这一崇高理想的信念。共产主义理想不同于其他理想，它是对社会主义接班人的核心目标要求。这涉及学生是否拥有对共产主义最终胜利的坚定信仰和坚韧意志。

学生需要充分认识到，共产主义理想体现了工人阶级及其政党以实现共产主义为基本内容的奋斗目标。这一理想代表了共产党人所向往的最高境界，起源于马克思和恩格斯基于辩证唯物主义和历史唯物主义对社会发展固有规律的科学分析，结合工人运动的实践经验所提炼的光辉社会理想。共产主义的社会状态代表了人类社会发展的高级阶段，是人类发展史中最先进、最完善、最理想和最科学的社会形态，象征全人类的共同和崇高利益，反映了无产阶级与人民大众利益的统一。学生应始终坚信，实现共产主义是历史发展和客观规律的必然趋势。

在帮助学生树立共产主义崇高理想的过程中，教师必须让他们认识到，坚持和发展中国特色社会主义与最终实现共产主义目标之间存在内在联系，两者是不可分割的整体。共产主义的远大目标需要依赖长期不懈地积淀才能实现，而中国特色社会主义作为当前的奋斗目标，构筑了实现理想社会的基础和途径，反映了我们对理想的逐步实践。共产主义揭示了社会发展的深刻逻辑和对未来美好社会的构想，代表了我们力争实现的远大目标。在中国特色社会主义建设的征途上奋力前行，正体现了我们对实现共产主义最高理想的永恒追求。

（3）引导学生将共同理想与个人理想相结合。随着社会各利益群体日益复杂化，个体追求与集体目标之间会出现诸多矛盾。学生必须明白，马克思主义并未拒绝人们为个人的实际利益奋斗这一理想。事实上，个人的抱负并非与共同理想相冲突；共同理想是个人理想得以实现的基础与条件，个人的抱负应当顺应于共同理想。通过教育的良性引领，要使学生意识到将共产主义的远大目标与全身心投入为人民服务、始终把人民利益放在首位相结合，并立志做到忠实于共产主义事业、无私地服务人民、敬业乐业、不图个人之利、要为他人着想、宽宏大量、摒弃个人私利；积极地、自觉地摒弃思想中的非共产主义价值观念，自觉地遵循社会主义核心价值观。

二、确立学生思想政治教育目标的立足点

（一）体现党的教育方针

中职学校是培养高素质人力资源的重要平台与基地，同样，中职学校亦负有培养社会主义事业接班人的使命。培养能为社会主义事业作出贡献的建设者与接班人，是根本教育方针。因此，中职学校必须确保其教育理念与社会主义相一致，对在校生加强思想政治教育，努力培养既有社会主义思想觉悟又有高尚道德品行，并掌握社会主义现代化建设所需丰富知识与技能的优秀人才。

（二）满足社会发展的需要

人之所以为人，是由其所处社会关系的集合所决定的，若抛开具体的生产能力与生产关系而论，便无法找到"人"的抽象概念。个体的成长与社会的发展息息相关。学生的思想政治教育是社会实践教育不可或缺的一环，不仅源于社会发展，也为社会发展提供动力。确立和调整学生思想政治教育目标，必须适应和满足一定的社会发展需要。在社会发展中，生产力履行核心职责，它引领并加快了包括生产关系和思想政治在内的上层建筑的变革与发展，成为促使整个社会发展的原动力。就本质而言，思想政治教育的职责在于适应并满足生产力发展的要求，这一点基于生产力的具体状态与客观需要对思想政治教育宗旨的确认与实施起决定性作用。我国在不同历史时期确立的奋斗目标与中心任务，均反映了当时社会发展的根本需要，为我们在各个历史阶段制订学生思想政治教育目标提供了根本依据。在这一系列教育目标的制订过程当中，我们既需脚踏实地、结合当前的具体情形，同时也要向前看，预测未来社会的发展所需。只有如此，学生思想政治教育目标才能科学、合理地设定，并取得预期效果。

（三）体现学生自身发展的需要

中职学校培养学生的思想政治素质是一项着眼于塑造青年学生的重要活动。思想政治教育工作需对学生产生直接影响。正确地认识和评估学生的个性及其需要，则是确立教育目标的初衷和依据。只有当思想政治教育目标与学生的实际情况及需要相契合时，才能有效地助力学生的全面发展。若是忽略了学生的独特性和需要，思想政治教育便变成无实际意义的空谈。因此，制定思想政治教育目标不仅应考虑社会发展的实际条件，还要兼顾学生的个性与需要。目标设立必须基于社会与学生发展的真实情况，这样才能真正激励人们积极参与到教育实际工作中。

一般而言，中职学生正处于青春期，身体充满活力。在这段时间里，他们精力充沛、充满干劲、思路清晰，具备探寻知识的冲动，积极求索的勇气，并显著增强自我认知与融入社会的自觉性。这样的状态有助于他们敏锐地观察环境并形成个人观点，促成其在反应速度与行动力度上明显高于其他年龄段。尽管如此，鉴于学生在社会阅历方面尚显不足，且心理发展不够成熟，他们在感情、意志力和自我认知等方面经常表现出不稳定特征，容易与现实社会产生冲突。加上他们生活在集体中，易受到集体观念的影响，导致盲目从众，一股脑儿地产生共振效应，从而使他们在情绪和行为上表现出狂热和冲动，将部分现象误以为社会真相。综合来看，在他们渐进的成长过程中，仍然表现出一种尚未成熟的状态，并且显示出较强的发展潜力。因此，准确认识并利用学生的这些身心特点作为学生思想政治教育工作的目标依据，方能使思想政治教育工作卓有成效。

确立中职教育阶段思想政治教育目标，既应该体现学生权益，也应满足他们的合理需要。在年轻人心智和身体快速成长的中职教育阶段，他们对各方面生活质量的需要迅速增长，无论是基本生活还是其他方面的需求均比其他年龄层次更加多元和迫切。因此，教师制定思想政治教育目标的时候，不仅要纳入他们成长轨迹中的合理要求，更要关注其职场与教育生活，以及生存发展的潜力，并在这些教育目标中予以体现。只有这样，方能真正获得学生的认同，引导他们将社会期待转化成个人信仰与价值观，从而内化为主动行动，最终形成稳定的行为习惯，并实现社会与个体发展的和谐兼容与互动提升。实践告诉我们，脱离学生实际利益和需要、显得空泛不切实际的思想政治教育目标不但不可能实现，还会削弱原本应有的教育严肃性和教育效果。

三、学生思想政治教育目标设置的原则

（一）方向性原则

中职学校始终恪守中国特色社会主义教育教学理念，将坚持正确政治方向视为重中之重，始终坚持中国特色社会主义办学指导思想。全面落实党的教育方针，实际工作与全面建设社会主义现代化国家的目标紧密相连，努力培养德、智、体、美、劳全面发展，符合社会主义现代化建设需要的优秀人才和可靠接班人。作为国家的和社会的专业人才，学生承担着社会主义现代化事业的传承重任，因此，对他们的教育与对其他青年的教育不同，思想政治的要求更加严格。在这个过程中，学校必须不断增强贯彻方向性办学理念的自觉性，将目标导向与科学方法相结合，努力把这些理念融入学生日常生活中，以此潜移默化地塑造学生的思想政治品德，提高思想政治教育的针对性、实效性，增强其对学生的吸引力和影响力。

（二）现实性原则

1. 现实性原则的内涵

现实性原则是指针对学生实施的思想政治教育，应依据实际情况明确教育目标，并恪守实事求是的根本要求。实事求是根植于马克思主义世界观和方法论，具有辩证唯物主义和历史唯物主义的科学性，是我党贯彻马克思主义基本原理的关键所在。其中，"实事"涉及各种客观存在且可被察觉的事物，"是"指这些事物的规律性，"求"表达的则是我们对这些客观事物进行追寻与探索的行动过程。因此，思想政治教育应立足当下实情，遵循教育本质的规律性，在整个教育实践中，坚持实事求是，这是教育工作者要坚持的重要原则。

2. 坚持现实性原则的路径

中职学校思想政治教育的培养目标应将"实事求是"作为首要原则，既要符合社会发展的客观规律，也要考虑学生的思想活动特点及成长成才的内在逻辑，避免实际教学内容超出学生可以接受的范围。如此一来，确保思想政治教育更加切合学生的学习生活及心理状态，实现教育的切实性，避免主观性和随意性。遵循这一现实性原则，教师在制定思想政治教育目标时，首先，需深究实情，科学调研，求真务实。设立的目标要反映时代精神与特色，培养符合社会主义需要的创新人才。其次，要将理论与实践结合，做到对认知与实践的辩证统一。学生的思想政治教育目标除了要能激发学生持之以恒的动力外，还应具备切实可行的实践性。最后，要与时代俱进，采用发展的观点主动掌握社会动态变迁及学生主体观念的转变，使教育目标与时代发展及社会发展同步更新。

（三）层次性原则

1. 层次性原则的内涵

教师在制定思想政治教育目标时，要根据学生的个性化特征进行层次性设定。这要求教师充分考虑每位学生的认知态度和个人发展需要，并采用差异化的教育方法。学生之间的个性差异是思想政治教育目标分层的现实依据，同时社会的阶段性发展和多样性也使思想政治教育环境变得更为多元和复杂。

因此，教师需要根据不同学生的政治思想情况制订个性化的教育目标。教育目标的设定应紧密联系学生的思想多样性和具体的心理与认知状况。学生在成长环境、性格、思想认同、道德素质和理论知识等方面的差异日益显著。在这样的背景下，思想政治教育的目标应呈现出层次性结构，基于学生的多层次思想品格进行构建。教师应根据学生不同的成长阶段和特点，量身制定相应的思想政治教育目标。

2. 坚持层次性原则的路径

坚持层次性原则，首先，需要深入观察并准确把握学生的思想现状及其演变规律，从而有针对性地开展教育活动。只有通过充分了解不同层次学生在知识能力、思想认识及生理心理发展上的实际情况和阶段性特征，才能确定教育的重点，并构建针对性的教育目标框架，以提升思想政治教育效果。其次，教师需要制定全面的教育规划，为各发展阶段设定切实可行的教育目标。在思想政治教育过程中，教师应根据学生的发展阶段设定多样化目标，并通过整体规划来实现这些目标的前瞻性与现实性，这样的规划应在教学分层中得以体现。最后，教师应构建一个民主和谐的学习氛围，不仅满足所有学生共性的发展需求，还要考虑个体间的差异性。教师应创造有利的条件，促进学生个性和天赋的发挥及发展，从而促进每位学生的全面发展。

（四）系统性原则

1. 系统性原则的内涵

系统性原则，也称为整体性原则，强调在制订学生思想政治教育目标时，必须将其构建为一个系统。这意味着通过一个整体目标来指导和调整各个小范围的目标，以确保系统的完整性和均衡性。系统是由相互连接、相互依赖并共同作用的多个元素根据一定规律组成的有机整体，拥有独特的结构和功能。

从结构来看，中职学校思想政治教育目标系统是由众多的次级目标组成，每一个次级目标都具有其特定的性质、要求和职能。这些目标相互联系、相互融合，形成了不可或缺且紧密结合的网络，构成了思想政治教育目标的完整体系。这种结构的目的是充分激发学生思想政治教育的综合效能。

2. 坚持系统性原则的路径

在学生思想政治教育过程中，教师追求的最终目标是为所有学生铺设一条科学的思想政治教育之路，并确立统一的目标要求。这一过程需要学校、社会与家庭的共同努力，体现各方和谐育人的一致性，并积极推动全方位育人的良性机制。在此过程中，思想与道德的提升呈现阶梯式特征，学生的价值观和道德水平逐渐提高。

为了使教育目标内化为学生的个人品质，教育实施应遵循学生身心发展、认识和教育本身的规律，即由浅入深、由易到难，分阶段设定明确的目标。这个过程应该是循序渐进的，目标不断扩展，教育内容不断深化。同时，教师需要关注教育内容的系统完整性和连贯性，逐渐构建一个完善的学生思想政治教育框架。因此，教师必须分步骤地实施这一全面的思想政治教育宏伟蓝图，通过一系列切实可见、层次分明的小目标来实现教育的终极目标。在这个过程中，教师必须设定长远的战略目标和短期的具体目标，两者都是必不可少的。显然，学生的思想政治教育目标构建了一个从宏观到微观的深层次体系。每个较低层次的目标都是为了实现更高层次目标的途径，通过逐步深化和逐级提升，最终朝着最高目标迈进。

遵循系统性原则，需平衡内外关系。对外，学校的思想政治教育应与国内外的政治及经济状况相适应，不断调整教育目标，融入新的教育元素；同时，这些教育目标在实施时须适应学生身心成长的自然规律，实现教育的和谐实践。对内，制定的教育目标应在各个层面上追求最优化，不应随教育工作者的个人偏好而频繁转向，同时，当强调某个方面的时候也不能忽略其他方面，要力求各方面内容协调发展。

四、学生思想政治教育的目标体系建构

建构中职学生政治思想教育目标体系是思想政治教育的首要问题。这一体系将在明确思想政治育人工作的方针、统一认识、规划内容、选取方式、培养师资、有效管理、合理评估等众多方面发挥主导作用。这既是思想政治教育的起始点，也是其最终指向的落脚点。

（一）学生思想政治教育目标体系的含义

根据党和国家或教育主管部门的规定，依照时代要求以及为了社会的稳定发展和历史任务，再加上学生健康发展的要求而设立的教育总目标，具有明显的统一性。然而，思想政治教育目标在本质上却是一个结构复杂、形态各异、分层次的结构体系。在实施思想政治教育的每个步骤中，都以总目标为引领和约束，同时必须考量每个步骤中思想政治教育的实际情况，确立各个对应目标，以发挥其引导、选择、鼓励和评估等多重作用。否则，将难以形成行之有效的思想政治教育过程，进而直接影响思想政治教育的实际效果。此外，不同的教育阶段有不同的阶段性教育目标，包含思想政治教育的阶段性目标。因此，教师需要针对国家对人才整体要求的大框架，结合我国经济与社会发展的现实要求、中职阶段的本质特点以及学生自身的特点，构建起一套科学、完善并且行之有效的学生思想政治教育目标体系。

思想政治教育目标体系呈现出开放性的四维立体结构。这一结构依循构建思想政治教育全貌的德行论、德育论和系统论的理念，进而把思想政治教育的总目标细分为贯穿横向的互通目标与按层次纵向深化的教育目标集群。这些教育目标集群安排得条理清晰，形成一个既自主完整又对外开放的目标体系。由横向的思想政治教育目标群、纵向的思想政治教育目标群以及它们内在的组织结构，再加上不断变化发展的外部结构（社会的实际需求）共同构成了这个四维的思想政治教育目标体系。

横向思想政治教育目标群分为政治、思想、道德、法纪及心理五个方面的要素目标。在塑造学生品质的过程中，这些不同方面的要素目标逐步融合，共同构筑了一个全面思想政治教育的目标体系。在此体系中，政治要素目标为根本，思想要素指标为导向，道德要素目标为中心，法纪要素目标为保障，而心理要素目标则是基础，同时也是其他四个要素目标提升的推动力。这五大目标相互联系、相互影响并相互制衡，共同组成了一个有机统一、相互作用的思想政治教育目标体系。

纵向思想政治教育目标群涵盖跨越不同年级的目标，基于循序渐进原则，针对不同学习阶段与年级实行分步要求，层层递进。低层次的思想政治教育目标是高层次思想政治教育目标的基础，反之，后者又进一步扩展和加深前者。二者相

互促进，层次清晰，在学生学段升高的过程中，与之相匹配的思想政治教育目标随之提升，共同构成了层级分明的思想政治教育有机体系。

思想政治教育目标体系的内部结构包括知识掌握、情感培养、意志磨炼、信念建立与实践行为五个方面的目标集合。在这一过程中，由于积极主动、坚决果断的实践需要有坚韧不拔的意志和牢固的信念作为支撑，因此，意志的培养和信念的确立可被纳入实践能力的培养之中。在思想政治教育的横向目标群组成中，每一项目标都融入了知识、情感和实践三个方面；而在纵向目标群结构即不同教育阶段，每个阶段也都涵盖了知识、情感和实践三个方面。这些目标在纵横两个维度上相互交织、协同运作，形成了一个完整的思想政治教育目标体系。

（二）构建学生思想政治教育目标体系的意义

1. 指明了中职学校思想政治教育内容及方法改革的方向

近年来，中职学校思想政治教育已逐步突破传统教育模式的限制，更加注重根据学生不同成长阶段的心理和生理特点，精心选择合适的教育内容和方法。然而，教师必须认识到，在体系化建设方面，思想政治教育工作仍面临许多挑战。建立一个科学、完善且有效的学生思想政治教育目标体系，将有助于各中职学校明确其思想政治教育的总体目标和具体目标，为制定教育内容和方法提供了明确的准则和方向，防止教育活动中的盲目性和形式主义倾向，从而达到预期效果。

2. 确定了思想政治教育课程编制与教学实践的标准

随着中职学校思想政治教育的理论研究与实践探索日益深化，该领域的课程设置和授课质量均获得显著提升。然而，当前仍缺乏整体规划，并且尚未建立一套以思想政治教育目标为核心的统一规范体系，由此导致其科学性、系统性和规范性尚不充分。若构建一个明确的思想政治教育目标体系，则可在这些领域弥合现有的缺口。

为了融入当代马克思主义的理论创新成果，学校必须加强思想政治教育的研究架构、课程体系、教学材料和师资培养等。学校的目标是深化习近平新时代中国特色社会主义思想在教材编纂、授课内容各个方面的体现。在适应社会主义现代化强国建设需要的同时，学校也应适应学生的思想实际。

在教学实践中，教师应将知识讲解与思想教育相结合，融合系统化课堂与针对性讲解，并确保理论知识与实践技能相互补充。基于这些原则，教师将不断更新教育内容和改进教育方法，提升教学工具的现代化水平。人文社会学科在学校中承担着至关重要的思想政治教育职责，教师必须不断强化马克思主义在思想认知范畴中的主导地位，确保教学过程中充分体现马克思主义的本土化研究成果。

3. 为学生思想政治教育管理与评价提供了依据

学校对学生展开的思想政治教育管理工作，涵盖了平时的思想政治教育管理、行为规范教育管理、社团组织管理、个人生活管理、学生活动管理等多个方面，甚至延伸至公共社会教育与家庭教育方面。这项工作组成环节众多，结构复杂。目前，思想政治教育工作备受瞩目，对于引导学生健康成长及其能力的培养，以及推动学校的改革与发展等方面起至关重要的作用。然而，当前学校在思想政治教育队伍稳定性、政策落实力度以及机制灵活性等方面仍存在不足之处。构建在一定的思想政治教育理论、方法指导下的教育目标体系，能有力地弥补并完善当前的思想政治教育管理体系的不足之处。

在中职学校中，思想政治教育目标构成了一个既独特又彼此相关的体系，具有严密的结构和严谨的逻辑。这些目标既实用又明确细致，使负责学生思想政治教育的教师能够根据这些目标对学生进行有效的指导和评价，引导学生自觉地达成这些教学目标。

现代学生深受时代气息的影响，他们的价值取向、生存哲学以及言谈举止均体现了时代的独特印记。这些年轻人在自身的选择和判断中表现出非凡的辨识力，持有批判性态度，不是盲目从众。他们倾向于保持个人独立性，在争论和碰撞中发表自己的见解，并在创新中形成自己的思维路径。如果我们继续使用陈旧的理念、标准和传统方式来管理和评价学生的思想政治教育，将会非常困难。因此，构建一个科学的、全方位的、高效的学生思想政治教育目标体系尤为重要，这对于优化管理和评价结构、指导教育实践，提升教育的系统性、主动性、针对性和实效性至关重要。

（三）建立目标管理系统，有效落实学生思想政治教育目标

实现学生思想政治教育目标的过程涵盖四个主要阶段：目标制定、目标执行、目标评价及总结反馈。为提升效能，采用计算机信息技术开发一个开放型管理系统是一种有效的方法。这个管理系统可以实现师生互动，包括四个核心组件：目标制定、目标执行、目标评价和目标反馈。

在目标制定阶段，管理系统覆盖了品德教育、学习目标、能力拓展和职业规划等多个管理维度。这些管理范畴根据实际需要可以进一步细化。例如，在学习目标部分，可以细分为课内学习、英语水平、计算机能力认证、科研活动、参加讲座、撰写报告和阅读书籍等子目标；课内学习还可以详细分解为课表安排、学科目标、重点难点掌握程度、实验作业以及成绩跟踪、出勤率等具体指标。

1. 目标制定

在目标制定环节，学生需在新学期开始时根据该系统模块的要求填写相关信息，形成一份针对本学期的目标计划。例如，在参加讲座、撰写报告及阅读书籍的相关模块中，学生需要设定自己本学期参加的讲座次数、完成阅读的书籍数量等个人目标。一旦学生完成目标计划，系统将自动生成一份该学期的计划报告。

教师可以查阅每位学生的学期计划报告,这不仅使教师可以了解学生的详细计划,还可以提供目标设定的调整指导。同时,在设立目标时,系统还会设定一系列评分标准,用作后续评价学生目标成绩的依据。

2. 目标执行

在目标执行模块,教师需依据学生的实际表现记录相关资料,例如,当学生参与一场报告会,须在系统中做好标记;每当学生得到一项嘉奖,教师须在系统中进行记录。在目标执行过程中,需强化纪律约束及监督管理。不同年级和专业的课程难度各异,学生的思想与心理特点同样存在显著差异。低年级学生往往存在学习方法不当、自律能力弱等问题,这使对其执行纪律约束显得尤为关键,统一要求也应相对更加严格。例如,我们对中职学校一年级学生所作的调研显示,通常不在教室或图书馆自主学习的学生,其大量时间花费在非学习活动上,从而导致期末成绩不理想。因此,教师必须强化纪律约束,不断地提醒和督促那些学习态度消极的学生,确保他们有充足的学习时间。

3. 目标评价

在目标评价模块,该系统依据所填报的记录对学生进行打分,并自主产生阶段性小结与学期终评报告。教师能够适时把握学生的目标实现进度,按阶段性对目标进行检验,激励学生达成既定目标,并评估这些目标的合理性和可行性,帮助学生在面对难以实现的目标时,及时作出调整。在此过程中,需正确处理定量评价与定性评价的平衡;虽然目标管理偏重定量评价,但也不舍弃定性评价,例如针对学生思想认识进步、道德观念增强和行为习惯养成等方面的评价,都不能通过量化指标来反映。此外,思想政治教育因涉及教学、研究、行政管理及服务等多个方面,且受到授课教师、班主任等众多因素的影响,其成功实施有赖于社会各界与校方、师生齐心协力。

4. 总结反馈

在总结反馈模块,教师依据系统的评分与评估报告内容,将学生所取得的成绩与既定目标进行对照分析,以发现其中存在的差距,进而探讨背后的原因,并总结经验教训,为学生下一轮的目标制定与管理工作打下坚实基础。同时,教师将根据评价结果并参照事先设立的奖罚制度,对学生进行奖励或惩罚,通过物质奖励或精神激励等多种手段,激发学生实现更高目标的内在动力。

中职学校学生思想政治教学目标管理系统集合了众多内容资源,以生动活泼的形式呈现。这一系统具有开放性和实时性的优势,同时支持对教育目标的定量化评价。运用先进的管理工具无疑将推进当前思想政治教育发展,并成为一种行之有效的创新实践。

第三章　核心价值观引领学生思想政治教育的路径

第一节　主渠道引领

水有其源，木有其根。学生思想政治教育的主渠道是思想政治理论课。教师应当最大限度地发挥这一主渠道的教育作用。思想政治理论课需要在不断优化中提升其亲和力和针对性，以便更好地满足学生的成长需要和他们对未来的期待。

一、理论课课堂教学现状

中职学校思想政治理论课的教学改革是一个不断发展的过程，始终处于不断变化之中。如今，理论课程的教学面临诸多挑战和难题，形势相当严峻。针对这些挑战和难题深入剖析，将有助于把握思想政治理论课教学发展趋势，进一步提升该课程的针对性，最终取得理想效果。

（一）教学主体明显缺位

在思想政治理论课教学过程中，教师和学生是两大关键角色。然而在具体的实践中，却出现了两者明显缺位现象。这主要体现在以下两个方面。

1. 教师的缺位

在学生思想政治理论素养提升过程中，担任此项教育任务的教师群体具有重要作用，其整体素质尤为关键。然而，目前教师团队在素质方面仍存在不少弱项，主要表现在几个方面：①理论专业水平参差不齐，知识结构单一；②需要在教学实践中增强能力；③科研型、专家型教师稀缺，缺少学科带头人；④对思想政治理论课程的重视程度和认同感不足。

2. 学生的缺位

系统化地学习思想政治理论有助于学生提升理论认知和思想政治素质。然而，目前不少学生对于学校思想政治理论教育的重要性缺乏认识，学习主动性亟

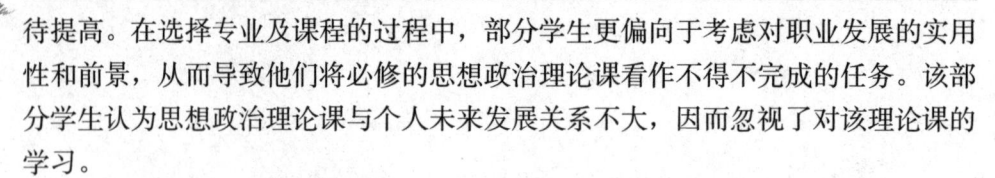

待提高。在选择专业及课程的过程中，部分学生更偏向于考虑对职业发展的实用性和前景，从而导致他们将必修的思想政治理论课看作不得不完成的任务。该部分学生认为思想政治理论课与个人未来发展关系不大，因而忽视了对该理论课的学习。

学生对思想政治理论课的看法主要体现在以下几个方面。

（1）对授课内容置若罔闻，学生虽然身体坐在教室，思绪却飘向远方，或是学习别的科目，或是打盹，抑或沉迷于手机游戏之中。

（2）完全排斥理论授课，觉得理论教学与实际生活脱节，认为学习这些是无用的。

（3）一些学生在吸纳知识的同时也对其提出疑问，他们愿意积极地向教师寻求解答并共同探讨难题，而另一些学生面对困难时不会自发地寻找解决方法，心中充满犹豫和纠结。

（4）学生将课堂当作走过场，缺乏主动思考。

（二）教学目标定位不准确

当前，我国许多中职学校在开展思想政治理论课程的过程中与党和国家所规定的教学目标存在较大偏差。不是每所学校都把提升学生政治理论知识和思想品质当作教学目标。有些学校的教务机构和教学督导人员把这类课程当作常规科目处理，未能把提高学生的理论认知和政治素养挂钩；一些思政理论教师执教的主要目的是完成校方下达的教育任务，而未能把思想政治教育放在应有的重要位置；还有的学生仅把思想政治理论课看作是为了取得学分或者能够通过考试而做的努力，他们对于思想政治理论并未真正吸收、领会和融会贯通。所以存在一个普遍现象：在思想政治理论教学中，教务管理者、教师、学生等主体在监督执行、教学实践、学习行为上与设立思想政治理论课的根本宗旨之间存在理解上的偏差和实践上的不匹配。

（三）教学方法使用不科学

现代化的教育方法对于实现思想政治理论课的教学目标至关重要。然而，我国中职学校在思想政治理论科目的教育实践中，所使用的教学策略和方法面临过分陈旧和缺乏多元性挑战，主要体现在以下几个方面。

1. 只注重形式，不注重内容

如今，不少思想政治理论课教师仍旧使用传统的教学方法，常常只需一本教材和一根粉笔便能讲解一堂课。评价教学成效以教师准备课程的精心程度、讲授内容的充实程度及逻辑架构的明晰程度为主要依据。固然，传统的授课方式和教育手段曾取得一些积极成效，然而，其弊端日益暴露，无法适应日新月异的信息化时代的迫切要求。

部分思想政治理论课教师在授课时虽然采用了多媒体辅助工具，但大多在课前准备好了课件，课堂上只是简单地充当"操控员"，把学问"填鸭式"地灌输给学生，教学方法仅仅从"照本宣科"转换成了"照屏宣科"，忽略了对课程内容的深入解说。

如今，很多教师在开设理论课时，依旧倾向于采取纯粹讲课的方式。尽管部分教师尝试了如课堂互动讨论之类的教学方法，总体而言，尚未形成多样化、个性化的授课风格，课程内容、授课策略以及教学资源并未真正实现有效的融合。

2. 只注重教师，不注重学生

很多中职学校的思想政治理论课教学过程中，以教师为主导较为普遍，对学生积极参与缺乏重视，主要体现在以下几个方面。

（1）多数中职学校的思想政治理论课教学过程中，教师单纯进行知识传授而未进行互动，而学生则仅仅扮演被动接受的角色。

（2）在思想政治理论课的教学过程中，学生极少有机会阐述个人的见解及观念。

（3）部分教师一味地灌输抽象概念，忽略了学生自发探索与掌握知识的能动性。

思想政治理论教学过程中，教师拥有绝对的主导地位，并独占"表演"舞台，学生缺乏自我构建知识的机会。教师运用各种教育资源和方式主要是为了"传授"知识，而非以学生的"学习"需求为中心，这种做法在很大程度上忽视了学生的个体性和主体性，不利于提升学生的学习成效。

3. 只注重理论，不注重实践

中职学校的思想政治理论课既有理论深度，又极富实践性。这就对教师提出了将理论与实际相结合的要求，离开实际的教学显得空洞无物。可是，部分思想政治理论课教师因远离社会实践，逻辑思考多依赖书本知识，对于社会实践缺乏清晰的认识。在具体授课中，他们往往不能把理论知识与国家当前的状况及学生的实际情况相结合，无法用简明易懂的方式讲解理论，导致教学成效并不尽如人意。

（四）理论课地位明显不高

1. 学校管理层面

有些学校领导认为思想政治理论课在校园中并不占据核心地位，对于学校的发展和水平提升并无显著效益，因而对深化思想政治理论课建设缺乏关注，重视不足。例如，部分学校对思想政治理论课建设的资金支持有限，而且有的教师特别是年轻教师很少涉足教学研讨、科研活动或者参与课题申报，结果是一些本应

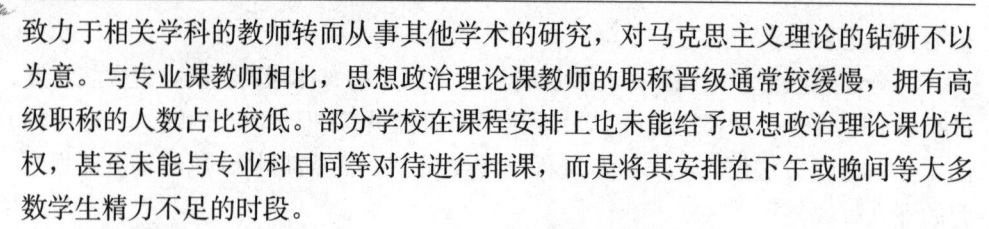

致力于相关学科的教师转而从事其他学术的研究，对马克思主义理论的钻研不以为意。与专业课教师相比，思想政治理论课教师的职称晋级通常较缓慢，拥有高级职称的人数占比较低。部分学校在课程安排上也未能给予思想政治理论课优先权，甚至未能与专业科目同等对待进行排课，而是将其安排在下午或晚间等大多数学生精力不足的时段。

2. 教师层面

部分教师对于思想政治理论课的地位、效能和作用产生疑虑，他们对于思想政治理论课的重要性缺乏系统、宏观、全面的认识。

部分专业课教师对思想政治理论课缺乏正确的了解，导致在从事专业课教学工作中，有意或无意地弱化了思想政治内容的功能与影响力。这种做法大大降低了思想政治理论课的地位。

（五）实践教学的持续发展遭遇困境

如今，许多中职学校在实践课程的教授中虽然收获了显著的成效，却同样面临难题。这些中职学校普遍存在不同层次的"保姆式"和"应景式"的社会实践教学模式。

"保姆式"社会实践教学是由学校及教师完全主导的一种实践方式。教师安排实施实习的时间、场所、主题、手段、经费等所有细节，并在整个实践过程中担当领导角色。学生在这一过程中属于被动接受方，他们的实践活动完全按照教师制订的计划来执行，这导致学生无法充分展现个人的知识和能力，同时社会实践的效果也未能达到预期效果。

"应景式"社会实践教学是基于回应上级的政策号召或是迎合公众舆论而展开的。这类活动呈现出一种倾向于动员性、缺乏系统化，易于形式主义，乃至出现造假现象，例如，部分学生为应对学校要求而伪造实习证明。

在中职学校中，实践性的教学活动推进遇到了一系列挑战。首先，实践教学的顺利进行需满足多样化条件，如足够的经费投入、合适的实习场所、适当的实践课时等各种硬性规定，这不仅需要校内不同部门的有效沟通和协调，还要依靠整个教学体系的综合支持。其次，因为条件所限，这类教学活动往往仅能惠及部分学生群体，且部分需要"实地学习"的课程也受限于实践基地的条件。此外，现场教学也要求教师具备较强的综合能力和责任感，他们需要担当多种教学角色，还要付出更多时间，并肩负确保学生安全的责任。教师和学校对这些问题的担忧，对于实践教学的积极性及成效均产生了很大影响。

二、理论课课堂教学的方法

教学方法在学校思想政治理论课教学中扮演至关重要的角色，它对理论授课成效的好坏和教学成绩的优劣起到了决定性作用。

（一）启发式教学法

启发式教育法是指教师结合教学目标和内容，结合学生的思维状况，基于教学规律，激发学生的学习热情和主动性。通过运用精湛的教学技巧，教师引领并激励学生开展学习活动，旨在让学生在吸收知识的过程中同步提高其思维能力。在此教学模式中，教师扮演关键角色，学生成为课堂活动的主体。在教师的启发下，学生自发、主动地进行思考，进而达到学习知识的目的。

运用启发式教学法应注意以下问题。

1. 充分了解学生

启发式教学法要求思想政治理论课教师充分了解学生的心智发展状况。根据心理学的观点，教师传授给学生的知识应略超越他们目前的水平以拓展其认知范围。另外，中职学校思想政治理论课面向的是有一定智力水平的学生群体，各个学生由于专业背景的不同，其思维能力参差不齐，因此教师需要重视并适应这些差异，以提升教学的针对性。唯有全面了解学生的具体情况，教师才能因材施教，真正有效应用启发式教学法。

2. 深入钻研教材，设计具有启发性的问题

教科书是开展教学工作的基本依据。在思想政治理论课教学中，教师应精选课本里能够引导学生深思的主题，并挖掘这些主题背后具有启示意义的问题。因此，教师需要加强对教材内容的透彻理解，整理书中的逻辑体系，从中识别并提炼精华，寻找并筛选出可以启发学生思维的重要教学内容。这些内容转化成能激励学生自主思考的问题，构成了教师实施启发式教学的中心环节。此过程从教师提出问题开始，因此教师需要善于设置问题，引发讨论和思辨，启发学生进行思考，解答学生提出的疑惑，并在此基础上培养学生的归纳、推理以及知识的综合运用能力。

3. 建立融洽的师生关系，营造良好的氛围

在采用启发式教学法讲授思想政治理论课的过程中，融洽的师生关系对于教师发挥主导作用和激发学生主动学习极为重要，这有助于启发式教学的顺利开展。鉴于学生具有较强的自主意识，教师应当尊重他们独立的个性，成为他们的良师益友，多给予关爱和支持，通过引导和适应个别差异的教学策略来激励学生的参与意识，促使他们自觉担任学习的主体，从而取得良好的教学效果。

4. 安排作业，善用课外自修反思

课外自修是对课堂授课的有效补充和拓展。学生在课堂上掌握的政治理论知识需通过课外自修来巩固。因而，教师应重视运用课后作业这一途径，促进学生借此机会查询课外资料，进一步反思所学的内容。

（二）谈话式教学法

谈话式教学法即教师通过提问和交流的方式促进学生吸收与掌握知识的一种教学方法。

1. 理论课运用谈话式教学法的优点

（1）能够集中学生的注意力，启发学生主动思考。

（2）对促进学生积极思考大有裨益，能够有效提升学生分析问题的能力、判断能力以及语言表达能力。

（3）有助于对教学效果进行及时反馈，增进教师与学生的互动。

谈话式教学法有利于激发学生主动思考的能力，在中职学校的思想政治理论课中，这种授课方式成为不可或缺的教学方法。

2. 理论课运用谈话式教学法时应慎重考虑的要点

（1）作为思想政治理论课的讲授者，教师需要精通运用语言的技巧。在授课的各个阶段，教师应注意如下几个方面。

首先，语音须规范。授课时，教师需运用规范的普通话进行讲解，确保学生能够理解所传授的知识。

其次，观念须明确。当阐述马克思主义理论时，教师需保证所用概念通俗易懂，避免朦胧模糊的表述。唯有将马克思主义思想的精髓与理念准确无误、清晰地阐释，学生才能确切理解其深层意义。

最后，要富有感情色彩。思想政治理论课虽然内容严肃，却不应僵化，教师要利用语言的魅力，实现寓教于情。教师通过真心实意的情感授课，激发学生树立崇高的人生目标和价值观，而非仅仅依赖身份与权威指导学生。

（2）为了提高教学的针对性，达到更好的教学成效，教师在授课前应当依据课本所涉及的知识点和既定的教育目标做好准备，明确提出的问题及先后次序。

（3）教师的提问必须紧扣学生的实际情况，确保问题明确、具体，并且要适当控制其难易程度，既不宜过于复杂，也不宜过于简略。

（4）交流时须关注所有学生。可通过点名或学生自愿举手的方式激发学生的积极性，促使他们主动融入教学过程。

（5）交流完毕，点评和总结工作非常重要。若教师在提问之后，未予学生以条理性、整体性的点评及总结，其结果是学生无从得知正确结论。因此，在充分理解教学内容的前提下，教师应做好点评与总结工作。

（三）案例式教学法

案例式教学法是指教师依循理论与实际结合的教育观念，精选现实案例提供给学生，促发学生间的互动与师生之间的交流，广泛地展开讨论，进而得出相关结论，同时探讨解决问题的方案。该教学法的核心在于加深学生对马克思主义的认知，并指导他们利用马克思主义的观点来分析和应对现实中的种种挑战。

在中职学校思想政治理论课授课过程中，教师采用案例式教学法时，应当注意以下要点。

1. 务必重视案例教学的具体性与思想政治理论课的高度概括性、理论性相结合

将现实中的案例与思想政治理论课的高度概括性和理论性相结合极为重要。然而，许多教师并未充分认识到这一点，在选择教学案例时准备不足，导致案例无法有效阐释理论，理论也无法为案例提供充分支撑，进而影响了案例教学法的实际效果。因此，教师在挑选案例过程中，须密切注意案例与理论的内在联系，确保两者有效融合，以使案例式教学法发挥其应有的教育效能。

2. 推动思想政治理论课教学模式的改革与发展

当前，很多中职学校在实施思想政治理论课教学中普遍采用集中授课的形式。这种方式虽然在某些方面优化了教育资源的使用，却减少了师生之间的互动以及学生彼此间的充分深入讨论，这导致教学活动难以实现以学生为中心的培养目标。因此，对此类集中式的教学方式进行创新与改革，变得十分紧迫。

3. 提高案例教学的成效，促进思想政治理论课中实例研究的建设与发展

在学校思想政治与理论课程教学中，教师须谨慎策划将实例引入课堂，包括精选案例、设计以及课堂教学的组织，同时适当运用现代化教学工具，以激发学生学习的热情，并提升教学效果。

第二节　校园文化建设引领

习近平总书记在全国高校思想政治教育工作会议上指出，要更加注重以文化人以文育人，广泛开展文明校园创建，开展形式多样、健康向上、格调高雅的校园文化活动，广泛开展各类社会实践。

一、校园文化环境的定义和本质

（一）校园文化环境的定义

一些学者认为，在一所学校内部，校园文化的本质是通过持续不断的教学活动在校园这个独有环境中逐渐形成的思想观念、群体心理、审美情趣、思维模式、行为方式，以及由此产生的师德风尚和学习氛围。校园文化反映出教师与学生在教育过程中共同遵循的最高目标、价值标准、基本信念和行为规范。校园文

化环境包括物质文化、精神文化、制度文化和行为文化。

（二）校园文化环境的本质

1. 校园文化环境是一个综合体

校园文化环境表现为一个多样化并彼此交织的综合体，它既涵盖了教师和学生共同遵循的价值观念、规范行为标准以及内部结构安排，也融入了他们的思维和做事风格、学校的实体特征以及体现的精神与物质成果。这个综合体处于持续变化之中，随着时代的发展而不断地自我更新。因此，我们应理解校园文化环境的文化气息并非单一要素，而是不断变化的复杂组合。它所蕴含的时代印记保证文化环境会随着时代的发展而汲取新的文化营养元素，使其内涵日益丰富。在当今的社会背景下，由于政治的多极化、经济的全球化和信息交流的网络化等因素的影响，世界各民族、各国家正在经历多元文化的相互影响、互动及挑战。这导致传统与现代、东方与西方、主流与边缘、传统与新兴文化间的冲突与冲撞越发激烈。因此，善于处理文化冲突、整合多元文化优势、审慎评估与选择文化价值，显得极为重要。同时，教育环境的文化气息需要与时俱进，采取适当的策略过滤并融合不同的文化元素，取其精华，以此更有效地推动校园文化的发展，确保其与时代发展特征紧密相连。

2. 校园文化环境既对立又统一

校园文化环境之所以既对立又统一，根本在于它融合了传统与现代、本土与外来以及师生间不同的文化要素。这种文化环境是通过不断地调和文化间的矛盾、融合文化差异而发展的，在学校的文化体系里，众多文化因素虽有抵触，但也实现了相互融合。

二、校园文化环境的功能

（一）先决功能

校园文化环境对民族与国家文化发展起先决性作用。也就是说，民族和国家的文化兴盛，往往起源于校园文化环境。校园文化环境是推动民族与国家文化向前发展的基础。

自人类文明产生伊始，教育即伴随而生，之后又发展为学校式的教学模式，随之而来的是校园的文化环境。无论何种文化形式，均源自人类的创造与发展。一个人的文化素质和知识技能的高低，直接影响其在文化上的创新与发展水平。正因为个体在校园中初步掌握了知识和技能，并受到校园文化的熏陶，方能有能力开创和推进文化建设。

此外，校园文化环境的形成，为各民族及国家文化传承与发展奠定了坚实基础。学校教育不仅继承并创造了人类思想、观念、文化知识、科技能力以及相关的生产和生活方式等，进而形成独有的校园文化。最终，这些文化元素会通过教育传递给学生，并辐射整个社会。

（二）教育功能

校园文化环境同样具有教育功能。良好的校园文化环境可以全方位培养学生，促进他们在德、智、体、美、劳等方面的全面发展。构建和谐校园文化环境的重要出发点是教育人、培养人、塑造人，不断陶冶学生的情操，开发智力，磨炼意志，并且使他们的身心感到愉悦。在全球化及知识经济兴起的今天，人们被期望具备完善的个性以及更高的综合素质。和谐的校园文化环境对学生的智力、情感、意志等方面均有所作用。斯普朗格提出，教育绝非知识的简单传递，教育之所以称为教育，在于其能够唤醒个体的人格心灵，这正是教育的核心意义。和谐的校园文化环境有助于缓解学生的压力、消除思想障碍、增强自我调节能力。多层面的校园文化环境建设能够给中职生搭建一座走向社会的桥梁，在参与各类文化活动中学生能够了解自我、认识社会，同时在拓宽视野的过程中，增强动手实践和团队协作的能力，为将来融入社会、适应社会做好准备。

（三）导向功能

校园文化环境所承担的导向功能表现在能够引导校园内所有人员的价值观念与行为取向，以确保其与学校设定的宗旨保持一致。

校园聚集了海量的知识资源，同时也是一个涵纳不同智慧、包容多元的平台。在这里，形形色色的思想、学派与理念相互交汇、融合。这样的环境不仅促使师生群体理解和吸纳多元思想，拓宽知识视野，激发探索世界的欲望和求知的热情，还为学生遇到思想挑战和人生困惑时提供必要的指引。因此，打造具有良好引导作用的校园文化环境十分重要。积极向上、勤学苦练的校园文化环境将有利于学生树立与时俱进、符合社会发展要求的人生观与价值观，助力他们将来追求自身的不懈奋斗；反之，如果校园文化环境萎靡不前、缺乏创新，则会严重阻碍人才成长的步伐。

现今社会，学生被视为社会主义事业的建设者和接班人，对他们而言，树立正确的世界观和价值观，追求高尚的理想与深厚的文化素养，与夯实广博而深入的科技基础同等重要。通过观察一所学校的文化环境，即可对师生的整体精神面貌及思想道德水平有所认知。因此，学校在建设校园文化环境时，应当积极强调其导向功能，充分利用它的指引作用。

（四）凝聚功能

校园文化的凝聚功能，是指其在团结学生、教师及相关社群成员方面的内在作用。校园文化所具备的这种凝聚功能，对师生的成长进步以及学校的持续发展极为重要。首先，它能促成师生对学校目标的认同。其次，它有助于和谐校园内部人际关系及缓解可能发生的冲突。最后，它能够吸引外界对学校的生存及发展给予支持。

（五）规范功能

校园文化环境具有规范功能，即能够对成员的思想理念和行为方式加以规范，进而使这些成员的行为与校园文化建设所追求的价值准则相契合。

校园文化环境能够孕育引导共识达成的道德规范和崇高价值观，在显性与隐性的规制与约束下，影响师生的生活与学习。和谐的校园文化环境通过其积极向上的文化氛围，对培养学生的思考方式及行事风格具有决定性作用。

（六）发展功能

校园文化环境是学校精神风貌的重要体现，它包括学校的价值观、教育理念、学术氛围、师生关系等多个方面。健康、积极的校园文化环境对学校的全面发展具有至关重要的作用。反过来，学校的发展也会促进校园文化环境的进一步提升。这种相互影响的过程，使校园文化环境在推动学校发展中发挥重要作用。

首先，校园文化环境对学校发展具有多方面的推动作用。良好的校园文化环境能够提升师生的精神风貌，激发他们的积极性和创造力。在这样的环境中，教师乐于教学，学生乐于学习，教育教学质量得到提高。同时，校园文化环境还能够培养学生的综合素质，包括道德素质、文化素质、审美素质等，使他们在德、智、体、美、劳各方面全面发展。此外，良好的校园文化环境还能够增强学校的凝聚力，使师生团结一心，共同为学校的发展目标努力。这种团结协作的精神，使学校在面临各种挑战时能够迎难而上，不断取得新的成绩。

其次，学校的文化环境不仅对学校内部的发展具有推动作用，还能够辐射学校外部，对社会发展产生积极影响。一所具有良好文化环境的中职学校，它的人才培养和科研成果为社会的发展提供了有力支持，使得社会的经济、文化、科技等方面不断取得进步。

同时，学校的文化环境也会对社会主义文明的发展产生推动作用。在良好校园文化环境的熏陶下，师生会更加关注国家和社会的发展大局，积极参与社会主义事业建设中，为我国的文化繁荣、民族团结、国家统一等方面作出贡献。然而，校园文化环境建设与发展并非一蹴而就，它需要学校全体成员的共同努力。

学校领导要树立正确的教育观念，关注校园文化环境建设，为师生创造良好的教育教学条件。教师要树立崇高的师德，关爱学生，发挥自己的专业特长，为学生提供优质的教育服务。学生要珍惜在校时光，努力学习，全面提升自己的综合素质。此外，学校还要注重与社会的互动，使校园文化环境更好地服务于社会主义文明建设。

三、校园文化环境建设的现状

中华人民共和国成立至今，尽管我国中职学校在营造校园文化环境方面曾经历过一些曲折，但整体上还是稳定向前发展，并且取得了一些显著成果。首先，学校的物质文化设施稳步提升；其次，学校的精神文化建设逐渐完善；再次，学校的制度文化体系不断健全；最后，学校的行为文化建设取得了良性进展。

然而，在打造校园文化环境的过程当中，依然存在若干难题未被解决。

（一）重物质文化，轻精神文化

理想中的校园文化环境应呈现出美好的物质环境、丰富的精神生活和严格的制度规范等多姿多彩的风貌。不过，现实中许多中职学校的校园文化环境建设现状并不乐观。在评估这些文化环境的成果时，常常只看重校园景观的美化、绿化等物质方面的改善。学校将更多精力和财力投入购买设施、塑造雕像、修建道路、搭建教学楼等方面，而对隐性的文化建设却疏于关心。

（二）重视文化娱乐项目，忽视文化教育工作

很多学校将校园文化环境的建设仅仅视作组织文体娱乐项目，却轻视了这些文化环境中蕴含的教育价值。如此偏向文化娱乐属性的过度强调，导致社会上参差不齐的潮流文化在校园内泛滥成灾。

（三）注重现代文化，忽视传统文化

五千年悠久历史孕育了中华文化的深厚精神底蕴，中国传统道德精神历久弥新，与时俱进地与当代社会融为一体。然而，很多当代学生深受浮躁社会风气的影响，对"传统"缺乏准确的辨识力，常将"传统"等同于"过去"，以一种缺乏自信和不信任的视角审视传统文化，甚至对其产生排斥，更倾向于将重心投向"未来"。面对梦想与实际的悬殊，片面的观念导致他们陷入了困惑与茫然之中。

四、加强校园文化环境建设的原则

（一）坚持系统性原则

建设校园文化环境需实施系统性规划，确保各个方面和谐发展，以充分发挥

其综合效能。

校园文化主要包括物质文化、精神文化、制度文化与行为文化，这些文化之间相辅相成、相互作用，构成了一个不可分割的整体。所以，在校园文化环境建设中，学校必须整合这四方面文化元素，使其和谐共进。

学校需遵循系统性原则来进行校园文化环境建设，这涉及对校园文化的全局规划与设计。学校要统一领导校园文化环境建设，推行部门间的协作与分工，并确保每个部门能在校园文化环境建设中充分发挥其主导和协同作用，实现齐抓共管。

（二）坚持主体性原则

在建设校园文化环境的过程中应坚持以人为本的理念，这意味着必须视教师与学生为校园文化环境建设的主体。注重他们在这一过程中的贡献，积极发掘并激励他们的参与热情与创造力，营造健康向上的校园文化环境。同时确保校园文化环境能够发挥其应有的效能，满足教职员工和学生的综合发展需要。明确地说，首先，让学生以及各类学生团体在推动校园文化环境中发挥主体作用；其次，让教师队伍在校园文化环境建设过程中起主导作用。

五、加强校园文化环境建设的具体措施

（一）抓好校园文化环境活动，提高学生综合素质

学校应当主动策划并开展一系列既具有创新性又丰富有趣、吸引力强的校园文化活动，巧妙地将德育与智育、体育、美育相结合，在文化活动的框架下进行教学实践，以此促使学生在德、智、体、美、劳各方面得到全面发展。

（二）把握校园文化环境建设的思想方向，加强校风建设

在打造校园文化环境时，首要任务是树立明确且正确的思想导向，以习近平新时代中国特色社会主义思想为指导，帮助他们树立正确的世界观、人生观与价值观。此外，将国家兴旺、民族振兴及个体进步紧密结合起来，为校园注入精神活力。坚持以人才培养为中心的办学理念，不断促进素质教育的发展。

（三）坚持优秀传统文化与校园文化环境建设相结合

校园文化环境建设反映出学校在综合教学方面的实力。学生浸润在优秀传统文化的环境中可以塑造自我、培养高尚的人格特质。因此，在营造校园文化环境的过程中，应该传承和发扬优秀的传统文化，确保它们与文化环境的建设工作相辅相成。具体行动包括三个方面：①发掘校园本身的特色，搭建平台举办各类校

园传统文化活动；②重视校园的实体环境建设，营造校园传统文化氛围；③结合学校的核心理念，传播富有校园特色的传统文化思想。

第三节　社会实践引领

青年一代要成长为国家栋梁之材，应读万卷书、行万里路，既要勤奋学习文字载体的知识，又要广泛汲取生活智慧与社会知识，重视通过亲身实践来淬炼自我、提升技能；要敢于面对难关、勇往直前，深入基层、到祖国和人民最需要的地方去，立志成就一番伟业。另外，必须加强课外教学资源的构建，着眼于实践育人，坚持教学与生产劳动、社会实践活动相结合，广泛开展多种社会实践活动，让学生在实际参与过程中深入了解国情、认识社会，接受教育、培养能力。

一、社会实践

中职学校对学生进行的思想政治理论课教学，其根本目的是促进学生在职业与日常生活中的发展。因此，将价值观念融入并运用于社会实践中，是价值观教育得以发挥真正作用的关键。

将马克思主义的理论观点融入实践，并在具体实施中不断提升其理论深度，是马克思主义的精髓。这种理念同样应融入中职学校的思想政治教育之中。只有真正将价值观念转化为有道德、有理想、有信念、有担当的行为时，思想政治教育才能达到其根本目的。反过来，如果理论与实践分离，则会造成理论的抽象化和疏离化。通过参与实践性活动来培养品格、深化理念，才能有效地促进学生思想政治教育的进步，实现质的飞跃。

（一）开展社会实践的重要意义

1.社会实践的开展是人的价值观形成和发展的基础

如果学生未将教育影响和理论知识亲自运用于实践，那么这些知识始终是对他人的智慧的参考。个体对某种观念的深刻领悟源自亲身实践产生的感受、意志和思维方式。唯有亲历实践的过程，经历诸如质疑、自我反省、领会、接纳至内化等一系列步骤，才有可能把原先外在的学识内化为个人的价值观。

随着社会大环境的改变，人们不再简单从众，反而深入自我心灵的探索，仔细审视内心，从而作出个人的道德判断和价值选择。只有这样，他们对自身所确立的价值理念才能坚信不疑。社会实践的作用在于鼓励个体深入这种复杂的道德领地，去发现个人价值观的不足，去经历与道德价值挣扎的艰难过程，并通过这类体验明白某些核心价值存在的根本意义及其闪光之处。

2. 社会实践的开展促进价值观念的行动转化

站在马克思主义认识论的立场上，社会实践本身便是探索知识的一种方式。通过观察学生在学习、工作和生活中的参与度，可以清晰看到社会实践与他们日常行为的紧密联系。不管是出于个人兴趣或是无奈的选择，社会实践对学生而言都是不可回避的挑战。将理论知识运用于社会实践中，并以此指导行动，对学生来说是提高效率的有效手段。这种做法不仅能够激发学生内在的潜力，还能强化他们解决问题的能力，提高主动性和积极性。经历这样的过程之后，学生将会从被动接受知识转变为积极运用理论去应对并处理社会各类问题。

3. 社会实践的开展使学生充分认识到价值体系构建的反复性与长期性

实际上，在内心坚定地确立一种信仰或价值观，须经过反复思考和检验才能深深扎根，这不是短时间内能够做到的。从心理学的角度来看，个体在社会文化背景下对某一观念从了解到接受，是一个从低到高、逐步深化的长期过程。

只要身处学习阶段，学生就要直面实践所带来的挑战。经历长期社会实践之后，学生逐渐积累经验。通过反复实践与学习，他们的能力慢慢提升，从而看到世界的复杂面貌。

（二）社会实践活动示例

1. 参观访问

参观访问是中职学校思想政治课教学中常用的一种形式，其通过执行教师设计的、带有明确学习目的的计划，着眼于完成既定的实地考察任务。学生在教师的精心引导下，亲临现场进行观摩和探究。目的是获取具体的资料和感知体会，实现从书本知识到实践应用的灵活转换。对于了解和认识社会现象，评析各种社会问题，将感性认识上升为理性认识，这一做法具有重要作用。参观访问的范围相当广泛，包括但不限于对重要革命遗址、文化遗迹、纪念建筑、城市风貌、工业集团、乡镇社区等的实地走访，也涉及与身边的榜样人物交流、对社会广泛关注的事件或有重大意义的社会成果进行现场了解。这些活动并不是无目的的游历，而是在教师的精心组织下有序进行的学习活动。首先，需要明确拟定考察的目的和主旨，选择合适的考察对象、时机、地点和方法。其次，依照预先计划进行现场实践，收集第一手资料。最后，将所得资料进行梳理、剖析并处理，深入挖掘，逐层深化，剔除无用信息，提炼核心要义，进行深层次的研究，并撰写成详细的研究报告。教师与学生携手精心设计、认真实施每一个细节。在此过程中，学生直接且深入地感受到教师倡导的思想观念的正确性，进而通过从感性认识向理性认识转化的过程，来加强思想的引领作用。

2. 实践劳动

通过亲身参与一线的劳动活动，让学生深入工作环境，直接参与物质与精神的创造过程。在这一过程中,他们可以深切感受到生活的点滴,树立正确的人生观。这里所指的劳动不仅是对具体职业岗位的从业,更是在工作实践中培养健全的劳动态度和敬业精神。例如,参与学校安排的勤工助学项目,不仅可以通过工作赚取收入,更会在劳动中锻炼自立自强的敬业精神与勤俭节约、艰苦奋斗的优良品质。为了实现这一目标,教师必须最大限度地激发学生的主动性和积极性,在劳动实践中不断为他们加油鼓劲,为他们提供各种服务,积极引导他们在劳动中创造价值。同时,教师需有意识、有组织、有计划地引导学生积极体悟劳动带来的价值,并在过程中不断反思提升。

二、志愿服务

志愿者大多默默无闻,他们基于内在的理念、坚定的信念及社会责任感行动,不求物质财富作为报偿,心甘情愿投入个人时间、精力和物质等资源,向社会和他人提供支持与帮助。

随着近些年各类社会团体的蓬勃发展,志愿者活动逐渐变得常态化。在着力于互助与公共服务的环境下,人们互相关爱,互帮互助,为特定的群体(如残障人士、农村留守儿童、独居老人等)提供了多样化的帮助与服务,从而促成了社会和谐的氛围。尽管如此,从现今社会的发展现状来看,我国仍需努力扩展志愿服务模式,在自发自觉的前提下,不断创新,以推进志愿服务事业向前发展。

(一)抓认识深化,提升志愿自觉

思想决定行为,指引前进的方向。没有认识方面的觉醒,行为就缺失自发性。确保志愿服务成为一种日常实践的关键,就在于普遍传播和倡导志愿理念,大力弘扬志愿精神,增进公众对志愿服务的了解和认可,使得这种理念在社会每个角落扎根。

首先,让传统的道德观念成为志愿服务的精神营养。自古以来,我国便提倡诸如乐于助人、救济贫弱、乐善好施等品质。"老吾老以及人之老,幼吾幼以及人之幼""仁者爱人""爱人者,人恒爱之""与人为善""利济苍生""出入相友,守望相助,疾病相扶持"等,这些都是学生耳熟能详的典范。随着时代的发展,这些美德得以跨越时空保留并继续传播。"奉献、友爱、互助、进步"的志愿服务理念,不仅承袭了我国的传统美德,而且与时俱进。我们应当对这些传统美德进行创造性转化和创新性发展,引领大家互敬互爱、积极行善。

其次,以先进事迹激发志愿奉献之心。学校通过开展各种类型的学习雷锋活动与树立行为典范,不断扩展其积极影响力。在树立榜样的同时,也需借助社会名人的榜样力量。例如,互联网上众多有影响力的意见领袖和网络红人都具有举足轻重的作用,应着力促使更多知名人士成为宣传和实践雷锋精神与社会主义核心价值观的先锋。

最后，运用媒体宣传鼓励学生自发参与志愿活动。媒体的影响力常常体现在其传播的广度上。近年来，多种大众传播渠道，如报刊、广播、电视、互联网及移动互联网，纷纷努力宣传志愿者服务的信息，详细介绍多种形式的志愿活动，并传播感动人心的志愿者故事，这样便形成了一个强有力的关于志愿服务的舆论氛围。

（二）重实践创新，优化志愿服务

如果想促使众人踊跃参与志愿服务活动，就要遵循志愿活动的规律，并从经济与社会发展需要出发，从社会大众的需求出发，周详规划活动内容，并广设各种便捷渠道，使大家参与起来感到愉悦且方便。

首先，深化社区志愿服务。社区对志愿服务的需求范围广，延伸到多个层次，尤其包括独居老人、留守儿童、农民工和残疾人等特定人群，他们更需要社区内外的关心与帮助。这些志愿服务包括入户送温暖、心理疏导、医疗保健、法律援助、应急救济、知识普及等方面。通过开展社区志愿服务活动，学生能够接触最广大的基层群众，力所能及为他人服务，展现学生的社会担当。

其次，做好重点志愿服务。大型社会活动离不开志愿服务。针对重大活动、重要会议及重大文体比赛等，学校应规范志愿者的征集与信息发布，并且强化培训和管理措施，从而提升这些活动中志愿服务的系统化和标准化水平。

三、节庆、纪念日教育活动

举办重要节庆和纪念日的教育实践活动，在弘扬社会主流价值观方面具有优越性。

节日是一种文化传承，随着人类的发展薪火相传。我国的许多节日都可以用来开展社会主义核心价值观教育。因此，探究各节日的深层价值，将其作为教育资源，贯穿于学校的思想政治教育。对于诸如建党节、建军节、国庆节等节日，需深入探讨其含义，丰富形式，凸显要旨，实施政治教育。对于国际性的妇女节、劳动节、儿童节等，可策划针对特定群体的关爱活动。此外，运用节庆作为教育手段时，教师要树立文化理念，开辟高效的育人路径。

（一）充分挖掘节庆、纪念日内涵，发挥主题教育价值

对每个节日而言，都应聚焦探索其背后包含的思想因素、情感因素、知识因素与实践因素，以此为核心进行内容拓展。在策划相关活动时，教师应以这些要素为核心，开展层次丰富的活动，凸显节庆场合所蕴含的深厚文化内涵和教育意义。例如，建党节、五四青年节等主题鲜明的纪念日，应主动打造主题教育的

品牌，如条件允许，可形成一种积极的社会文化现象。在此影响下，人们在节日来临之际，会自发构建某种认知，并通过这一过程，积极打造一条有效的教育路径，以充分发掘节日的教育潜能。若能将数个重要节日联结起来，便能建构一条完整的节日主题教育价值链。

（二）丰富节庆、纪念日活动内容，创新节庆、纪念日活动形式

节日及教育纪念活动所举行的仪式需摒弃单一乏味，追求创新元素。在内容方面，应融合节日所承载的教育价值，凸显文化精髓，并与时代发展的动态相结合，彰显节日的时代价值。在形式上，应重视营造适宜的节日氛围，发挥个体的主体性作用，开展丰富多彩的庆祝活动。

第四节 新媒体引领

在当今时代，信息技术和数字传媒飞速发展，中职学校要积极运用新型传播工具和技术，赋予思想政治教育新的活力，实现其与信息技术高度融合，提升思想政治教育的及时性和吸引力。怎样结合互联网等当代媒体技术，创新学生的思想政治教育，使之充满时代感和吸引力，已成为中职学校思想政治教育领域一个迫切需要研究的课题，也是提升学生思想政治教育效果的重要路径。

一、新媒体的概念

新媒体指的是与传统传媒方式不同的，基于数字技术构建的，通过互联网、移动通信网络、人造卫星等方式，运用计算机、智能手机等工具，向大众提供信息和服务的一种现代传播手段。

新媒体主要包括以下特点。

（一）交互性

在传统方式下，信息发布的源头会在固定的时间点向受众群发送信息，受众群则只能被动接收信息内容，这种通信缺少互动与反馈环节，使得信息传递的过程呈现出一种静态趋向，缺乏动态的互动传播特性。而与此形成鲜明对比的是，新媒体带来了互动双向传播的机制，这种双向性明显区分开了传统媒体与新媒体，并成为新媒体的显著优势之一。具体来说，新媒体的这种互动特性及其优点体现在：信息发送与接收双方能进行互动沟通；在交流过程中，所有参与者都有话语权。信息的传播者和受众之间的相互作用更趋频繁、直接、快捷与深入。受众不再是单纯的接收者，他们能够通过多途径发表观点。同时，信息的创建者也能够依据回馈调整内容，从而使沟通活动打破时空限制和人际界限，在互动中

传播。

（二）即时性

在传统媒体中，信息从发布到反馈需要一个漫长的周期，或者说按照一定的频率定时发布与传播。而新媒体传递与接收信息通常脱离了时间和空间的束缚，因而具备即时性。新媒体使信息流动呈现出双向互动，且信息的发送方和接收方皆能对其进行控制。在新媒体中，传播者与接收者的角色界限并不明晰，信息的发布和接收几乎可以同步进行，没有时间限制，信息可随时得到处理并得以传播。

（三）开放性

想借由传统媒体传播某种信息，须先由人员对内容加以审查，并且受众获取信息还要依赖"信息编辑和处理中心"。可是，借助新媒体的通信卫星与网络技术，可以突破了时间与空间的界限以及速度的制约，任何配备了必要的信息接收装置的角落，都能够及时地接收到新媒体所传播的信息。信息发布方可以直接成为网络的"枢纽"，通过微信、微博等途径，无障碍地分享他们的文章、见解、图片、影像等。网民们可以通过标签聚合、搜索引擎等工具，轻松迅速地从众多网页或信息通道中检索到他们需要的信息。在新媒体的世界里，每个个体都能够创造自己的个人空间，畅所欲言地表达自己的见解。人人都有可能扮演新闻工作者和编辑的角色，因此，信息的供给主体变得更多，网络内容日渐丰富多元，触及生活的诸多领域，开阔了人们的视野且使生活更加多姿多彩。

（四）虚拟性

通过利用新媒体平台进行信息的交互，这离不开计算机数字处理的能力。在交流互动时，用户利用计算机系统和硬件设备输入数据，而计算机会把这些文本和图像信息转化成数字信号并加以处理，由此实现人们即便在缺少面对面沟通的状况下，依然可以建立并仿真人际关系和组织结构。在这个基础上，人们也能在网络世界的市场购物，在网上社区结交朋友，这表明人类的生活模式已经向数字化及虚拟化方向转变。当前，新媒体构筑的众多交际与文化场域，正逐步成为社会思潮转变和观点辩论的中心领地；用户借助文字、图像、视频等多种形式，在新媒体构筑的虚拟空间中分享和阐述个人观点。

二、新媒体的教育路径

（一）提升基础设施建设，改革教学理念

中职学校的新媒体基础设施建设水平与其在教育教学中的应用程度成正比。

因此，学校务必高度重视新媒体设施建设，并增加资金投入，以确保设施与时俱进，更好地融入实际教学活动中，助力教师完成教学任务。在新媒体蓬勃发展的背景下，学校应树立将学生置于教学主体地位、将教师定位为教育引导者的新型教育理念。

教师应根据学生的发展需求进行引导和激励，激发学生学习的积极性，推动思想政治教育的顺利开展。如今学生是随着现代信息技术的发展而成长的一代，他们的需求随社会发展而不断变化。传统的教学理念将教师置于主体地位，忽视了学生的主体性需求，从而限制了学生发挥主观能动性的潜力。因此，在教学过程中，教师应充分尊重学生的主体地位和个性化发展需求，使学生能够认同教学内容，发挥主观能动性，自主完成学习，提升自身道德品质。

一切为了学生是学校教育教学的基本原则。教师将学生置于教学的主体地位，并不意味着要减轻教师的教学责任，而是将教师视为学生学习的指导者，为学生提供更多的教学支持，促进学生更好地理解教学内容，并主动设计趣味化的教学内容，激发学生对思想政治教育的兴趣，促使学生积极参与到教学中。

（二）融合网络平台与传统教学

网络教学平台是指基于互联网技术提供教学支持的软件。目前，中职学校采用的网络平台是在教学资源管理、师生交流、网络教学过程管理等方面建立较为完整的网络教学环境。这些平台为师生提供了丰富的教学资源，弥补了传统教学的不足之处。教师充分利用网络平台可以使教学更生动有趣、内容更丰富、课堂气氛更轻松，同时通过平台及时了解学生的学习情况和反馈信息，促进教学质量不断提高。学生也可以通过网络平台与教师和同学进行交流，解决学习中的疑难问题。

网络教学平台为学校思想政治教育发展提供了新的机遇。然而，考虑到思想政治教育理论课的特殊性，中职学校在建设网络学习平台时需要注意以下两点。

首先，应重视对隐性思想政治内容的逐步渗透。与传统教学相比，网络教学拥有丰富的信息资源，结合文字与图像的方式更受学生欢迎，也更符合他们的学习习惯，有助于学生在不知不觉中接受思想政治教育。网络的虚拟性为促进教师与学生交流提供了便利，使学生可以通过多媒体技术更直观地与教师交流，帮助教师更全面地了解学生的思想动态。

其次，应加强思想政治教育资源库建设。学校应对每位思政教师的教案和相关文献资料进行整理归纳，建立资源库，并通过网络平台进行共享，以便教师下载所需教学资料，实现资源共享。

（三）改善新媒体环境，提升教师媒介素养

良好的新媒体环境对教育教学的发展至关重要。中职学校应该高度重视新媒体环境的构建，积极宣传新媒体优势，鼓励教师将新媒体技术融入教学实践，并积极解决新媒体使用过程中可能出现的任何影响教学体验的问题。

在新媒体蓬勃发展的时代，为了更好地满足学生多样化需求，教师应提升自身的媒介素养，熟练掌握新媒体技术，具体包括以下两个方面。

首先，掌握新媒体的理论知识与操作技能。教师需要深入理解新媒体技术的理论知识，不断提升实际操作能力，以便将新媒体技术巧妙地运用于思想政治教育教学中。熟练掌握计算机技术、移动设备的使用方法以及办公设备的操作技术等，是应对新媒体教学的基本要求。教师应不断提升自己适应新媒体技术的能力，促进新媒体为思想政治教育教学提供更好的支持与服务。

其次，掌握媒体信息的筛选能力。网络教育资源繁多复杂，教师需要熟悉媒体信息的制作流程，从大量信息中筛选出有效内容，并进行深入分析和解读，判断信息的真实性和价值，剔除负面、有害信息，选择优质、有用信息充分利用。

第四章 学生思想政治教育模式创新

第一节 学生思想政治教育模式创新的内涵

一、学生思想政治教育模式创新的目标

中职学校思想政治教育模式的创新应致力于实现四种根本性变革，分别是由单方面的灌输走向互动交流的方式，由单一的管理手段过渡到共情共感的互动，由显性教育型向隐性教育型转变，以及从单纯依赖教师的授课模式转向多元合作的教学机制。为了确保这些变革的落实，中职学校在构建学生思想政治教育新模式时，必须不断以这些目标为变革的方向。

（一）教育主体的平等性与教育目标定位的准确性

1. 教育主体的平等性

在人们对自己及他人的根本关系观念之上，平等是人们的共同追求。这如同成熟思想的成年人绝不会感觉自己天生低人一等，也不会觉得应天生顺从他人。在学校思想政治教育领域，这种平等尤指教与学关系上的平等。换句话说，在任何思想政治教育的互动过程中，教师与学生均是核心参与者，均享有平等的身份与权利。此时的教师不再是权威的化身，也不是不容质疑的存在，而是以平等尊重的姿态与学生进行沟通与互动。这样，双方便能相互理解和尊重、信任与接纳，以及相互关心与帮助。因此，学生思想政治教育模式的改革应把实现教与学的双向平等作为创新的基础和目标。

2. 教育目标定位的准确性

在现行的思想政治教育模式中，思想政治教育设定的目标常常过于笼统且超出学校思想政治教育课程所能承担的教学任务极限，倾向于过分强调共产主义思想的灌输，却忽略了将学生的个性化需求纳入考量，结果使得所教授的知识与学生的现实需求及其生活实际脱节。更准确地说，应当将思想政治教育与学生日常社会实践活动紧密结合，让其贴近他们的现实世界。因而，思想政治教育要深度

融入社会与学生的日常生活，满足他们的真实需要，开阔思想政治教育视野，赋予其更多活力。美国教育学者约翰·杜威曾强调道德教育与社会实践的融通对教育效果的重要性。他认为通过将学校打造为一种社会互动的平台，在实践和反思的一体化过程中建立恰当的人际交往，是实现道德教育最有效且影响深远的方法。故此，将教育目标与学生的现实需求和生活实际紧密联系，是创新学校思想政治教育模式的关键所在。

（二）教育内容的开放性与教育方式的多样性

1. 教育内容的开放性

学生作为接受知识的群体，他们与社会广泛进行互动和联络，而这一互动的广泛性决定了思想政治教育的开放性。在这种背景下，教师对学生施加的影响及各种社会因素对他们的影响是交织且同步的，从而使思想政治教育的内容及过程必须具备开放性。正如美国心理专家卡尔·罗杰斯所言："思想政治教育表现出其灵活性，对概念、信念、知觉及假设的态度是开放的。它对模糊性表现出宽容，并允许其以原本的面貌存在。因此，它能够容纳诸多相互矛盾的信息，且不将其排斥在外。在这个过程中，我们获得了精神上的激励，变得更加自由、开放，并且更加愿意接受自我和他人；同时，我们在努力理解与接纳的过程中，也变得更加愿意倾听新的思想。"由此可见，对学生进行思想政治教育模式创新，务必将推动教育内容开放性作为核心目标。

以中职学校思想政治教育为例，它是汇聚多种学科知识的综合体。美国学者约翰·埃利亚斯曾明确表示，德育教育需要多学科的协作与研究，若只依赖单一学科来深入该领域不仅受限而且存在风险。因此，作为培养科学思维的关键途径的科学教育，也应成为思想政治教育的一个重要组成要素，而科学的思维方法也应融入思想政治教育中。从内容方面讲，科学教育是思想政治教育的重要载体。科学不但为思想政治教育的内容构建了基础，也提供了内容丰富与发展的条件。同时，科学教育既是思想政治教育的基础形态，又是其不可或缺的过程，确保了思想政治教育能够有效实施。思想政治教育是科学教育的目的、导向和归宿。就功能而言，思想政治教育是对科学教育的一种提升和发展。正如爱因斯坦所指出的，科学的伟大之处在于其能解释世间万物，但在告诉人们"应该如何做"的价值追求方面，却超出了其能力所及。

2. 教育方式的多样性

目前，思想政治教育工作者，仍普遍采取以讲授为主的单向教学模式。这类填充式和单向灌输的教学手法忽视了教育应以人为本，并尊重学生主体性的人本主义教育理念。因此，改革传统学生思想政治教育模式，并采取多元化的教育途径成为重要的创新导向。具体来讲，在进行思想政治教育时，应当认可不同的思想道德水平，允许不同层次的道德追求共存，使所有人均可在社会中找到适合自己的立足点和向上发展的动力，保持教育工作始终处于一个层次分明而富有挑战的状态，以保持这一工作永远充满活力。而且，对于学校来说，不仅是课堂理论的授课，校外实践的参与、校园文化建设以及对学生事务的咨询指导等都是重要的思想政治教育手段。理论学习、社会实践、文化熏陶和管理引导等多种教育方式共存，并且最大限度实现教育的合力是学生思想政治教育模式创新必须实现的重要目标。

（三）教育过程的统一性与评价机制的科学性

1. 教育过程的统一性

人的思想道德和政治素养的形成与发展，总是体现在社会实践的基础上。在这个过程中，教育主体之间相互作用、彼此协调，使学生内在的思想、道德和政治等方面的矛盾得以动态转化。此过程既涵盖了来自外部的教育干预，也涵盖了学生对教育要素的接纳和内化阶段，实质是一个从外部影响转向个人内化的动态过程。在此期间，教师的引导至关重要，而学生自身的学习则实现了知识的内化。成功的教育必须在学生的主动学习下才能真正发挥作用。因此，学生思想政治素养的养成，既是教育工作者努力的结果，也是学生自我教育的结果。

另外，思想政治教育是培养正面因素与转化负面因素的双重过程。在该教育过程中，单纯强调培养或转化的灌输教学是片面的。原因在于"每个人都具备自身的价值观念，且能依据个人的价值观进行行动"。每名学生的心理世界包含了正面和负面两个方面的因素。加强和提升现有的正面因素，是培养性教育的范畴；改造现存的负面因素，是转化性教育的内容。由此可见，培养与转化构成了思想政治教育中两个密不可分、有机互动的过程。同时，在思想政治教育的实践中，教师应着重于培养，辅以转化，实现培养教育与转化教育的有机结合与和谐统一。很明显，要使教学的引导与学生的自我教育主动融合，把培养教育和转化教育的融合作为中职学校思想政治教育模式创新的又一个追求目标。

2. 评价机制的科学性

学生思想政治教育评价机制是否科学，不仅直接影响思想政治教育成效，还关系到学校的办学质量。因此，在评价思想政治教育的成效上，需要本着实事求是的态度，应用科学的方法和技术，进行全面且综合的评价，采取动态和静态、局部与整体、定性和定量、短期与长期相结合的评价策略。显然，建立科学的评价体系也是创新学生思想政治教育模式的重要目标。

二、学生思想政治教育模式创新的原则

中职学校思想政治教育所遵循的基本原则，是指在学生思想政治教育过程中

自然形成的普遍性规律。它汇聚了经验总结的精髓，是实践中的基本指导原则。该原则是伴随着持续不断的思想政治教育活动而逐渐构建与提炼的，具有实践和理论的双重属性。思想政治教育模式的创新，应从以下五个基本原则为核心来策划与实施。

（一）"疏"与"导"相结合原则

"疏"，指疏通各种利害关系。"导"则是在疏通的基础上，对正确的部分进行肯定，并对错误的部分予以纠正，同时为参与者指明向着正确目标前进的路线。"疏"与"导"相辅相成，两者缺一不可。只有深入挖掘每个个体的需求，梳理错综复杂的各种关系，才能真正了解人们的想法，提供给"导"明确的行进轨迹和前进方向；反之，引导则为促进疏通提供驱动力。这两个方面的有机结合，是对学生实施思想政治教育的前提。

一般来说，学生的行为较为外显，通过观察可总结其规律；但对于内隐性的思想特点，关键在于懂得"疏"，即促使他们"坦诚相见"，采取创建轻松环境、打通交流通道以及建立对话机制等方法，让他们毫无保留地吐露真实情感，充分阐述自身观点，由此深入了解他们的想法。认真分析学生的思想特点，能够透视其行为背后的深层逻辑，全方位把握其性格，并预测他们未来的走向，这一过程为学校思想政治教育模式创新奠定了基础。"疏"仅为方式，"导"才是目的。思想政治教育工作者应聚焦于"导"，指导学生正确思考和行动，运用不同教育手段，不断强化其正面思想，矫正不良行为，以实现思想政治教育的终极目标。

（二）理论与实践相结合原则

将理论与实践相结合是解决问题的基本方法。理论对行动起至关重要的指导作用。同时，实践也会对理论进行丰富和完善。理论与实践相结合原则，正确反映了理论与实践相互依存、共生的辩证统一关系。在思想政治教育中，教师强调使用科学方法来认识世界，同时需要加强理论的指导作用，以实现理论学习和实践行为的相辅相成。

在思想政治教育创新过程中，确立科学理论的指导作用是不可缺失的。思想政治教育创新是适应学生实际情况与教学环境不断变化的要求，更新教育方法与策略的连续活动，旨在不断地把理论与教育实践相结合，进行深入探讨。此过程涉及思想政治教育理论与实际教学相互配合、相互促进。理论知识不光构成思想政治教育的基础和保障，还是教学活动的出发点和落脚点。缺少理论的导向性与实际运用，思想政治教育创新将失去依据、失去方向。因此，在推进学校思想政治教育创新时，必须严格遵循理论与实践相结合原则。

(三)国际化与民族性发展相统一原则

全球化进程的加速,促使各国家、各民族,甚至每位社会成员都需要具有国际视野、开阔的世界观。然而,这个趋势同样引发了众多"文化碰撞"。为应对全球化所带来的挑战,世界各国特别是发展中国家,着力保护本国主权和独有的文化身份,不断坚持走符合民族特色的现代化道路。事实表明,民族性与国际化互为补充;民族化为国际化奠定根基,而国际化则为民族化的发展提供机遇。在这两者相互交织的过程中寻求发展,已成为各国、社会乃至每个个体不得不面对的挑战。学校的思想政治教育也需顺应这一变化。

在全球化背景下,学生需面对日益残酷的全球竞争以及不良思潮侵袭,对此,中职学校思想政治教育不宜采取逃避策略,与此同时,思想政治教育应根植于中华传统文化沃土,并扎根于中国特色社会主义现代化事业之中,更应深化对中职学生进行民族精神与时代精神教育。

显然,创新中职教育的思想政治教育模式,需妥善协调"内在"与"外在""自我"与"他者"之间的关系,应根植于本土的同时向外拓展视野,在坚持走向世界与扎根民族传统的融合过程中培养既熟悉中国国情又具备全球视野、兼具民族特色与国际化素养的复合型人才。

(四)主导性与多样性相统一原则

主导性与多样性相统一,要求学校思想政治教育既要坚守"一元主导",又要"多元发展";无论是在教育目标、内容、要求、途径还是方式上,都应当体现主导性,并且要富有层次性、多样性、广泛性和差异性。对于思想政治教育模式的创新,坚持主导性的基础在于坚持以社会主义观念、马克思主义的指导方针和习近平新时代中国特色社会主义思想来充实学生的头脑。多样性指的是基于教育对象差异性的需求,拓展和丰富主导性的基础,并在主导性的发挥中起到协调与补充的作用。多样性涉及内容的多样性,以及针对不同教育对象和教学环境实行的教育策略的多样性。

主导性是多样性的基础,在缺乏主导性的情况下多样性会引起教学行为的无序,进而导致思想政治教育目标以及教学价值的消失;反之,多样性是主导性得以贯彻的必要条件,没有多样性,教学活动将变得死板,阻碍提升思想政治课的针对性与有效性。因此,要想创新思想政治教育模式,就不得不考虑到主导性与多样性的有机结合,两者是不可或缺的。

(五)自主性与社会化相统一原则

学生思想政治教育模式创新需坚持自主性与社会化相统一原则,这主要关系实施学生思想政治教育的组织层面。随着社会发展与时代变迁,培养学生的思想政治素养不再仅限于学校的职责，而变成整个社会共同担负的使命。从这方面来看，针对学生的思想政治教育模式创新必须跨出校门、步入社会，既要保持独立自主发展的特性，也要融入社会环境之中，充分运用社会优质的教育资源和广阔的教育平台。

学生的思想政治教育是学校教育活动中的重要内容。中职学校应充分发掘和运用自身特有的教育主动权，动员一切可用的教育资源，以提升学生思想政治教育效能。与此同时，学校还需要敞开校门，让学生的思想政治教育接轨各种社会系统与实践平台，通过社会实践的丰富素材、经济建设的巨大成果和文化创作的优秀作品教育学生，积极促进思想政治教育与社会实践相融合，以社会的力量和资源创造思想政治教育新局面。将学生思想政治教育的自主性与社会化有机结合，不仅有助于校方与社会各界共同推进此项教育工作，同时也直接促进学生个体在社会化轨道上的发展，这已成为当前依托思想政治教育培养学生政治素养的有效路径，也是创新思想政治教育模式应当坚持的基本原则之一。

三、"五维一体"构建学生思想政治教育综合育人新模式

从中职学校对学生思想政治教育理论的研究与实践来看，我们发现学界和教师均从各自不同的角度和方面进行了探讨，进而建立一种针对学生的思想政治教育模式。然而，学生的思想政治教育是一项系统性工程，并非单一模式所能涵盖，需要将众多的思想政治教育手段融合产生整体效益。具体而言，全面素质模式集中于提高学生的整体能力，契约管理模式注重于互相遵守协定，社会支持模式强调利用外在环境的积极影响，咨询发展模式依赖交流互动，而文化育人模式则以促发心灵共鸣为核心。通过这些模式，学校能够建构一个"五维一体"的全新的学生思想政治教育综合发展模式，从而在学生的快速成长和成才道路上提供有力支撑。

（一）全面素质模式

历代教育家对人的发展问题都极为重视。举例来说，我国古代教育家孔子利用"六艺"教育三千弟子；古希腊哲人亚里士多德提倡通过平衡体力锻炼、德行培养以及智力激发，以此促进个体的理性发展和体魄健全；18世纪的法国启蒙思想家让-雅克·卢梭强调培养个性自由发展的"自由人"；而英国空想社会主义者罗伯特·欧文则提出了通过智育、德育、体育以及劳动实践培养全方位完善人格的观点；美国教育专家隆·米勒在20世纪70年代提出"全人教育"的概念，他认为这种教育是将进步主义、人本主义、开放教育、全脑开发、非正式教育以及地球教育等众多教育方式融于一体的教育。此外，德国的存在主义哲学家卡尔·雅思贝尔斯也赞赏"全人教育"，他认为教育不仅应培养狭隘领域内的

专家，更应致力于培养具有全面的科学思维、创新能力、自主精神、个人责任意识、广博知识与独立个性的人。而马克思与恩格斯提出的人的全面发展观，则着重强调学校教育应培养个性全面和谐发展的人，并提倡在德、智、体、美、劳诸方面应保持协调发展。

经济体制市场化及科学技术飞速发展所带来的民主政治理念推广与全球文化交融，对个人拥有更强的竞争力、适应性、创造力及独立性提出了更高的要求；只有全面发展的个体，才能成为未来社会的主人。因此，学校在进行思想政治教育时，应秉承培养学生"全面素质"的教育观念，研讨并实施有效的、使学生获得全面素质的教育模式，旨在造就满足社会各项需求的优质人力资源；确保学生不仅掌握与时俱进的科学文化知识，更在成长过程中实现"学习探索、技能实践、团队协作、个性修养"的全面发展。

学校思想政治教育全面素质模式采取面向所有学生的全面培养策略，不局限于对特定群体的教育；其核心目标是推动学生全面发展，而非仅注重单一技术技能提升。该模式倡导激发学生内在积极因素，反对被动式学习；更重视激励学生的创新思维和实践能力，与其因循守旧死读书本，不如鼓励创新探索。此外，该模式强化了终身学习的重要性，不仅限于在校教育的学习。因此，学生思想政治教育全面素质模式的重要价值在于它致力于解决教育过程中的单一化问题，并着眼于培养具有综合能力的人才。

（二）契约管理模式

1. 契约管理模式的内涵

在学生思想政治教育过程中，契约管理模式采取了一种基于双方平等原则的新型教育方法。该方法将主体自觉作为核心条件，通过互动对话促进信息交流，借助明文化的规章制度作为承载介质，通过设立明确而稳定的协议书格式来明确教育工作者与学生之间的职责分担、相互权益以及必须履行的责任和彼此间的利益关系。

2. 契约管理模式的特点

首先，学校思想政治教育契约管理模式所涉及的教育工作者与学生之间的契约，属于一种不完备的契约形态。现行的契约理念可分为完善契约与不完备契约两种。所谓完善契约，是基于完全竞争的市场环境下构建的假设性契约体系。而不完备契约，则是在认定人类理性有限与外部世界呈现无尽复杂性与不可预见性的条件下建立的一种契约形态。此种情况下，各方无法对将来的局势进行全面把握，契约中的规定自然不能面面俱到。从教育的根本性质及参与主体的特殊性来看，在学校思想政治教育契约管理模式中，施教者与受教者不可能对教育内容达成一劳永逸式的协议，他们必须适应教学阶段的转变、学生的心理和行为变化及双方预期目标的变化，作出及时调整。于是，在契约管理模式下缔结的双方关系是随机应变、动态变化的。

其次，学生思想政治教育契约管理模式采取两种契约模式相互配合的方式。其中，显性契约是构建在法律强制之上以降低市场主体交易开销的正式契约，侧重于保障交易方的基本经济利益，这类契约通常固定且孤立。而隐性契约则是在无法具体化为文字的情况下，双方默认接受的复杂合约，它聚焦于双方的信用作为履约的纽带，呈现出一种非明文化、策略性属性。以遵守学校考试制度为例，从明确可见的角度来讲，学生入学时便默认同意了不作弊的条款，如违背，可能会被学校处罚；但从内隐的维度看，若作弊行为未被发现，能否算作遵守考试制度的契约？显然并不符合。因为学校与学生之间的约定不仅限于不被抓到作弊，更关键的是约定了不进行作弊的行为，后者的执行完全依赖当事人的自制力。

学生的思想政治教育所采用的契约管理模式大多属于非正式契约，依据的是心理层面上的共识。这样的心理契约虽然缺乏文字记录，但是体现了成员内在长久遵守的预期行为序列。教育者须密切关注学生的期望与诉求，并针对自己所提出的预期定时进行反思和审核，以确保向学生明确传达出科学合理的期望和规范，充分发挥心理契约在教学中的积极效用。

（三）社会支持模式

毫无疑问，环境对人有显著的作用。从教育的视角出发，人们对环境的认知取决于他们所关注的焦点。这个过程本质上涉及筛选重要信息并作出选择。在复杂多变的生活环境中，"环境中的不同要素与人们的需求之间存在不同水平的联系，这对个人心境产生了各种程度的影响"。随着技术的进步与社会的发展，环境变得更加多样化、复杂化和开放化，其对个体的作用日益增强。因此，在探讨学生的思想政治教育问题时，我们不应仅仅关注学校，还应广泛地审视社会环境的作用，并充分认识到社会给予的支持对学生茁壮成长和不断进步的重要性。

1. 学生思想政治教育社会支持模式的内涵

（1）社会支持。社会支持的行为与现象在人类社会生活中客观存在。从20世纪70年代开始，"社会支持"一词逐步演化为专门的学术用语并发展出全面而详尽的理论系统。最初在神经科学文献中提及社会支持的概念，从此之后，它被广泛运用到社会科学、医疗领域、心理研究等不同学科领域，尽管每个领域内的研究者依据自己的学科视角来界定这一概念，并尝试解释它的学术含义，但迄今为止还没有形成统一的界定。众多学者对社会支持的意义进行了详细解释，卡普兰（Caplan）提出了他的见解："社会支持本质是指那种持久的社会集合，这个集合使得个人得以自省，并且集合中那些提供支持的人能够在需要时向个体提供信息、认知上的指引以及实际帮助和情感上的支持，助其摆脱困境。"柯布（Cobb）提出了不同的看法，"社会支持是指个体感受到来自他所属的社会群体或者社会支持网络中他人的关怀、尊重和需要，表现为某种行为或者内心的体验"。林南在综合了诸多对社会支持讨论的基础之上，提出了一个更为综合性的定义："社会支持包含了来自社区、社会联系网、亲密伙伴所给予的感知到的和具体的工具性或表达性支持"，并且他将社会支持区分为工具性支持和表达性支持两类。近年来，研究界日益认识到，个人间的互动联系（例如亲情、友情、职场关系等）构成了社会资源的重要指标。这些联系汇聚成为社会支持的大网，对人的发展发挥极为重要的作用。据此，专门从事社会支持理论的学者们逐渐开始关注深入探讨社会支持网络、体系及其运作要素（包括参与者、对象、内容及交流方式）的多方位研究。社会支持的概念和实践研究在众多领域都逐步精细化，不仅广泛应用于国内患者、边缘群体等多个研究对象和领域，对一般人的影响也开始得到认可和探讨。

在早期探讨社会支持这一概念时，跨学科的研究者们对其范畴进行了明确的定义，更重要的是着眼于剖析社会支持的功能作用及其潜在的运行原理。换言之，研究的主旨在于分析社会支持如何在满足人们的各种需求或解决他们面临的问题中发挥不同功能，以及这些功能如何具体发挥其效用。目前，这一理论已经被广泛运用于帮助人们减轻心理压力与烦恼。大量研究表明，社会支持对个人的心理健康产生显著的正面影响。关于其影响过程的讨论主要集中在三个理论模型上，即直接影响模型、压力缓解模型和互动影响模型。直接影响模型提出社会支持本身即能有效产生影响，从而提高个体的心理健康水平；压力缓解模型则认为社会支持能够缓和压力带来的不良影响，进而改善精神健康；互动影响模型视压力和社会支持为相互影响的动态体系，这两者在不同的时间内能够相互转化。前两种模型都揭示了社会支持在保持心理健康和预防精神疾患方面的根本性作用。具体来说，直接影响模型关注维护心理健康的作用，而压力缓解模型更注重心理疾患的预防功能。不管对促进心理健康还是防御心理病患而言，都在学生的心理健康以及思想政治教育上发挥极佳的补充功效。学生得到广泛的社会支持不单单是确保身心健康的关键，也构成了他们有效接受思想政治教育的基础。

显然，社会支持和思想政治教育之间存在密切的联系。可以说，社会支持不仅是策略，也是思想政治教育的一种形式。随着全球化与信息技术的飞速发展，思想政治教育面临着前所未有的挑战，这促使教育工作者迫切需要改革的思路与更有效的教学方法。因此，将社会支持理念融入思想政治教育实践中，将极大地促进和丰富学生的思想政治教育模式。

（2）学生思想政治教育的社会支持模式。美国社会学家詹姆斯·科尔曼曾指出，学校本应全程参与学生某种技能的培养，但实际上，它们并未完全承担起缔造成人的根本任务。从该立场来看，学校为学生走向社会的道路所营造的氛围显得不甚完备。这一理念促使我们对学校教育进行深刻反思，特别是关于如何全面推进学生的成才过程和政治道德素质的培养。我们主张动员社会各界参与到学生的政治思想教育中，原因在于当前学校教育对学生成长的认识过于有限，教育方式也过于单一。实际上，从教师传授知识到学生内化这些知识的过程极其复杂，与个体逐步形成政治立场和行为习惯的"政治社会化"过程相似，这一过程不仅是人在政治上成熟的必经之路，也是社会将政治文化继承到下一代的方式。因此，学校整合社会资源，引入对思想政治教育的社会支持，目的在于搭建一个立体的教育网络，以促进学生在认知、实践和心理三个维度的全面发展。

学生得到的社会支持主要体现在三个方面：首先，在认知支持方面，他们受到社会给予的支持，依照模仿及自律的方式提升自己的认知水平，契合了陶行知所说的"熏染与督促两种力量比较起来，尤以熏染为更重要"，此处的熏染即是社会支持；其次，在实践支持方面，通过亲身体验与运用社会支持，他们将这些支持在实践中转化为减轻压力、激励向上以及提供指导的内力，继而将这些正面影响转变为深层的情感和修养，帮助他们修正自己的行为；最后，在心理支持方面，学生积极地求助于社会支持，用以抵御日常生活事件引起的压力，缓和心理应激反应引起的紧张情绪。

在学生思想政治教育过程中，社会支持模式不仅继承了传统的思想政治教育的基本属性，还具有区别于传统模式的显著特点。首先，空间和时间的无限延展性。不同于一般课堂教育或校内文化事务，社会支持在引导学生的思想政治成长上，突破了空间与时间的束缚。学生能在参观活动中获得价值观的触动，家庭聚会时理解生命的深意，或是在展览中悟出道德的升华。其次，教育效应的长远性。社会支持不会因为某一教育活动的终止而结束。它的作用可伴随学生一生，并通过他们延伸至下一代和周围的人群，为社会积累的物质财富和精神财富无法用数字衡量，这种深远的影响是传统教学方法难以达到的。再次，介入领域的广泛性。与传统模式直接指示学生正确与错误，引领他们走向正确道路、避开误区不同，社会支持模式在引导内容的范围上更为广泛。相比而言，在学生群体中实施的思想政治教育，社会支持模式所触及的范围更加广泛。对于那些尚未暴露任何问题的学生，家庭、学校以及媒体传播等诸多渠道都能够传递正确的价值观念，帮助他们构建积极的自我认识；对于那些已经出现问题的学生，健全的心理干预体系能够修正其受到的消极影响,并激发他们积极地思考和解决现有的问题。此类干预措施几乎涉及学生在学习、日常生活、求职、实习以及交往等多个方面可能出现的困扰。最后,施教措施具有灵活性。与传统思想政治教育不同,社会支持模式在教育力度上具备灵活调整的空间。这样的干预可能是悄然发生的,像是一篇文章所引起的心灵震撼或某一善举所激发的深思;也可能通过剧烈的实践体验来达到教育目的,比如安排学生参加军事训练或夏令营等;还可能依靠更专业的途径来达成,比如进行专业心理咨询或感情调适治疗等。

2.学生思想政治教育采取社会支持模式的必要性

当前,通过社会支持视角研究如何提升学生思想政治教育成效的议题尚未受到广泛关注,将社会支持理论运用于学生思想政治教育领域的研究文献尤为稀少。将社会支持理论融入学生思想政治教育中的重要性体现在以下四个方面。

(1)依托社会支持的学生思想政治教育是学生初步实现社会化的需要。赵昌毖强调,道德教育应当基于道德价值进行,与此相对应的是,公民教育课程则是在理性思维上建构的一套客观的教学架构。也就是说,公民教育注重引导人们如何做人,因此,它应向全社会普及,成为一个持续性的学习过程。学生时期是心智发展的重要阶段。在这一阶段,获得集体的认同和鼓励,对他们的成长过程至关重要;参与集体生活和社会事务有助于培养他们的自立能力。如今,大多数学生偏重个人价值取向,对社会规则、归属感和责任意识或多或少表现出淡漠。尽管从道德意识方面知道承担社会义务的重要性,但在道德知识转化为行为实践时,常显矛盾。具体而言,在面临公共道德和社会义务时,表现出知识与行为之间的断裂。另外,如阿基诺(K. Aquino)、里德(A. Reed)等研究人员的研究证实,学生的道德自觉与主动投身志愿活动的次数(例如,支援边缘群体和适应不良者)呈正相关。这显示了在思想政治教育中,社会支持对实现知识和行为的统一有积极作用。

(2)借助社会支持进行的思想政治教育方式,符合学生思想政治学习的实用性与日常性需要。要想让学生的思想政治教育深入骨髓,根植于心,必须使其贴近实际生活场景,潜移默化地进行熏陶与滋养。社会支持模式能够汇聚家庭、传媒及社会各界的共同力量,营造一个日常学习与生活中处处能感受到社会支持的氛围。这样做可以确保学生的思想政治教育真正实现"落地生根",融入他们的日常生活中,并摒弃那种脱离实际的书本说教和理论灌输,以便充分激发思想政治教育的潜在力量。

(3)依托社会支持的思想政治教育是解决学生实际问题与社会问题趋强关联化的需要。目前,学生遇到的各种挑战已成为社会性问题,严重且直接地牵动社会动态，这包括学生的心理健康、就业前景、信仰观念等诸多方面。从1985年确立"国际青年年"开始，联合国一直致力于推动世界各国实施跨领域的、统筹性的国家青少年发展政策，将青少年的发展问题纳入国家发展规划，通过全方位的政策协调来解决青少年所面临的问题。在此背景下，依靠社会力量提供支持的思想政治教育便是对该政策的有力响应。

（4）为了适应学校教育环境的时代变迁，依赖社会支持进行思想政治教育是必要的。当前社会环境愈加复杂，物质环境正在影响精神环境，而精神环境也在回应性地影响物质环境；经济环境主导精神环境，反之，精神环境也在不声不响地影响经济环境。与传统的思想政治教育不同，社会环境逐渐且隐蔽地成为影响学生思想与行为的重要因素。面对这一趋势，将社会支持的概念融入思想政治教育之中，能够有效地帮助学生面对快速变化的信息流所引起的价值判断难题，此举与强调通过价值判断与选择性学习来促进学生独立思考及自我评析，进而构建个人价值体系的价值澄清理论相辅相成。

当前大力提倡的从教学、管理、服务等方面对人进行培养的全员育人观念，再加上咨询式、共情式、体验式等隐性教育手段取得的显著效果及其背后社会支持理论的作用原理，均为构建学生思想政治教育的社会支持模式提供了坚实的基础。因此，社会支持模式不仅能有效地弥补现有学生思想政治教育的不足，对于创新和完善思想政治教育模式也是必要和可行的。

（四）咨询发展模式

当代学生在成长环境与个性特质上呈现出空前的多样性。面对教育现实，教师应打破局限于传授书本知识的框架，特别是在进行思想政治教育时，更需考虑学生之间的差异性，实施与个人特点相适应的教学策略与方式。现实中，理论知识与实践操作常常割裂。这种脱节促成了一种普遍反叛传统规范心理。这样的反叛对思想政治教育尤其是传统保守的模式构成了冲击，成为实施中职教育的重大阻碍。美国著名心理学家劳伦斯·科尔伯格曾直言："最理想的道德教育应当是一个自然的对话过程，而非道德说教或理论指导，应该由教师和教育活动去促进对话的展开。"因此，对于学生的思想政治教育，教师应当改变生硬的模板化的教学方式和过分严苛的教学态度，而是引入平等互动、个性化并且充满建设性的沟通交流手法，从社会实践不同领域逐渐渗透。在这种背景之下，将咨询发展融入学生思想政治教育中，无疑是一条既契合当前教育发展趋势又能增强教育模式创新性的有效途径。

1.学生思想政治教育咨询发展模式的内涵

咨询过程本质上是运用一个人的知识储备和经验，对外界传入的信息进行整理分析与加工，以此作为基础发起对各方面的探究及开发任务。它在经济和政治活动中早已成为制定决策不可或缺的工具,而且逐步发展成为一门新兴的软科学。从广义上来讲,发展描述的是事物或个体从起始简单至成熟,由低级向高级,由简单结构走向复杂系统的不断进化。从教育角度来看,"发展"则专指生物个体在其一生中,包括生理、心理、社会适应能力等方面所经历的连续变化。学生思想政治教育咨询发展模式,是指学校思想政治教育工作者借由平等的互动、会话式的沟通、以学生为中心的关怀以及提供建议的互助方式,作为学生成长道路上的顾问、参谋以及思想支柱,帮助学生在各个方面实现全面成长和发展。

2. 学生思想政治教育咨询发展模式的基本构成

随着时代的进步和社会的进展,学校教育的咨询服务已远远超越传统的"心理咨询",呈现出多样化趋势。在咨询的内容上,不仅涵盖了广为人知的心理健康咨询,还延伸到学习策略、职业规划、人际交往等方面;在咨询方式上,除了传统的面谈方式外,还有电话沟通、在线互动、媒体栏目等多种形式。本书所述的咨询发展模式主要包括心理、学业、就业及人际关系咨询的综合服务体系。

(1) 心理咨询。心理咨询是以特定的心理学知识与实践技巧为基础,通过交流互动、分析疏导以及鼓舞激励来访个体,帮助他们正确认识并应对生活中遇到的种种心理挑战,增强个人的心理素质和适应社会的能力,借助个体对问题的内化与理解,构建健康的认知、情感和心态,以此消解心理困扰的操作流程。从广义上来讲,针对学生的心理咨询囊括了自我认知、情感管理、人际交往、学业指导、情感关系、休闲生活以及职业规划等方面,专注于心理健康咨询范畴。心理健康咨询主要包含治疗性咨询与发展性咨询两种模式,前者侧重于治疗心理健康问题,后者则着眼于个体心理发展路径的设计,强化心理承受力,挖掘个人潜力和完善人的品质。国外心理咨询在学校中由最初的重点矫正(障碍性咨询)逐步转变为与发展性咨询相辅相成。发展性咨询在中职学校的心理咨询工作中占据较大比例。因而,发展性咨询应是学校进行思想政治教育心理咨询关注的重要内容。

(2) 学业咨询。学业咨询致力于向全体同学提供学习方面的指引、咨询及帮助,以便激发他们内在的学习能力,帮助他们实现学习目标。受教育过程中,学生所经历的情绪与常态下的情绪有所不同,这是他们在求知道路上特有的情感体验。在教学方法上,教师普遍采取课堂授课形式,突出教师讲述,却忽视了学生自主探究学习的重要性。因此,不少学生对学习失去兴趣,常常逃课,许多学生毕业之后回顾自己在学校的学习经历,觉得没有收获宝贵知识,因此学生关于学习的心态常常不尽如人意。针对这些问题,学业咨询服务旨在通过专家的一对一辅导，帮助学生积极面对在学习过程中遇到的困惑和挑战，培养学生对学习的积极态度。

（3）就业咨询。就业咨询是学校就业部门对在校生寻职过程中遇到的心理挑战和现实困难提供的专业协助，以此培养他们健全的职业理念和发展观。随着就业竞争的日益加剧，学生的就业情况已经成了全社会广泛关注的焦点。有效的就业咨询对学生个体的职业生涯规划及发展至关重要，同时它关系学校的办学声誉以及社会的整体和谐与稳定。

（4）人际关系咨询。在社会生活中，个体之间互相交往并产生影响，进而建立直接的心理纽带。在校学习阶段，人与人之间的联系是学生日常生活中不可忽略的重要部分。针对人际关系的专业咨询属于心理咨询的一个子领域，对于学生的个人成长以及未来发展意义重大，因此，构筑一套完善的人际关系咨询系统显得尤为重要。

（五）文化育人模式

当今时代，文化与经济、政治的交织以及互相作用越来越明显，一个国家文化发展程度逐渐转化为衡量其综合实力的一项重要因素。中职学校肩负着文化传承与普及的主要职责，成为引领社会文化风向的重要基地。中职学校的校园文化是文化体系中的重要组成部分。建立文化育人模式，对于加强社会主义市场经济条件下学生思想政治教育活动起到了至关重要的作用。

1. 构建文化育人模式是培养优秀人才的需要

多年来，校园文化建设对青年学生群体的发展具有重要作用，校园文化对学生的性格养成和行事风格产生直接影响。校园文化是否能够走在时代前列，关系到学校是否能够培养适应社会发展需要的毕业生，社会文化整体能否向高级阶段发展。在学校中，由年轻的教职工及庞大的中职生构成的集体，对当代各类思想观念的接受度较高，因此在价值观的选择上更易受到冲击。指导学生明辨文化成分优劣，促进其健康成长，使其成为国家和社会的优秀人才，已经成为校园文化建设的一个重要课题。建立文化育人模式，并将校园文化建设当作重中之重来抓，将为解决上述课题提供一条行之有效的路径。

2. 构建文化育人模式是繁荣社会文化的需要

校园文化环境既是整个社会文化的体现，也是它的进一步拓展，代表社会文化及校园精神的融合，属于社会文化中较为高级的文化类别。加强校园文化建设，对推进整个社会文化的发展具有基础性作用。学校肩负着传授知识、培养人才之责，同时也需要履行服务社会功能，不仅需要创造和传播知识，更应当指引社会文化向前发展。为此，学校需确保自身文化建设的独立性、健康性和高尚性，从而促进社会文化的发展。基于此，构建文化育人模式，并着力加强校园文化的内涵建设，是实现社会文化繁荣的客观要求。

第二节 学生思想政治教育模式存在的主要问题

现阶段，我国学校思想政治教育成效方面尚显不足，亟须加强和提高。具体来看，中职教育中思想政治教育模式面临几个主要问题。

一、教育理念滞后

针对目前学校思想政治教育的主要问题进行考查分析，研究发现与思想政治教育内容乏味、方法呆板僵化、脱离社会现实和学生需要相比，教学理念的陈旧保守成为学生思想政治教育的最主要问题。

在现阶段学校思想政治教育实践中，由于深受传统观念和经验主义的影响，普遍存在对教师主导的教育重视程度高于学生自我教育的情况，以及在培养学生方面过于强调纪律管理而忽略了提供服务的重要性等问题。换句话说，部分学校向学生施加思想政治教育的程度远超过引导学生提升自我思想认知、政治素养和道德修为的努力；"教育学生"和"管好学生"成为教育工作者经常挂在嘴边的说辞。这种教育理念的主导作用使学生往往无意识地变成了缺乏独立思考能力、难以自我教育的孩子，这对他们人格的完善和个性的发展极为不利。

学校的思想政治教育应重视并确立在教育活动中学生的主体地位，满足他们自我教育、自我管理和自我服务的愿望。在强调从外部加以教育引导、不断优化学生行为规范体系、强调纪律重要性的前提下，还应进一步增强学生自我教育、自我管理及自我服务三者之间的有机结合。学校鼓励学生能够在知识的海洋中独立地汲取养分，习得研究与挖掘事实真相的能力，进而对思想、政治和道德产生充分认识；逐渐促使学生主动地步入社会，投身于社会活动之中，从而在实际经验的磨砺下学会辨别"真善美"与"假恶丑"，实现人格的升华。

二、教育内容片面单调

研究发现，在对中职学校毕业生的评估中，62.1%的企业普遍反映他们在团队协作能力上的不足最为严重，其余依次为实际操作、心理适应、人际交往、自我管理以及对职业的忠诚。因此，在学生各个能力指标中，企业认为最需要强化的六大领域正是思想政治教育应着力提升的内容。尽管如此，学生却认为，在当前实行的思想政治教育当中，最有效果的并不是道德修养和社会实践能力的培养，反而是对国情和历史知识的学习。

因此，目前的中职教育在思想政治教育内容上，常常过于强调对国家历史大事和国情的政治理论知识学习，忽略对学生心理健康、情商、动手实践、团队协作意识及职业道德等多元素养的培养。而且，在理论与实践相结合的教育实施中，多数学校依旧奉行千篇一律的教育规则和目标要求，忽略学生在不同成长阶段对个性化培养的需要。有时候，教育工作者基于权宜考虑调整教学重点，却没有充分关注学生全面发展的重要性，这是导致教育体系与社会需求脱节的重要因素之一。同时，社会的一些消极现象或者公众的舆论氛围对学生的思想有时会产生超越思想政治教育影响的波动，从而使相关教育内容在现实环境中缺乏足够的说服力和吸引力。

三、教育方法僵化

在很多中职学校内，针对思想政治理论课教学形式的考察显示，教师主导的授课方法占据核心地位。由此可见，在进行学生思想政治教育的过程中，教师往往忽略了与学生互动及唤起学生的独立思考意识。尽管相对之前有所进步，教育者们仍旧青睐用灌输式、死板的方式施教，这种情况下，政治课的教学场合往往泛滥着政治话语、文件话语及权力话语。在此种教学风格下，教师的讲解便转变为单向的独白，学生则通常以一种消极的态度接受教师所讲授的知识和观念。这在某种程度上拉大了理论知识与学生个人生活经历以及切身感受之间的距离，并将学生当作简单的信息储存器。

与此同时，研究显示，诸如QQ、微博、微信、抖音等网络新媒体成为学生偏爱的思想政治教育途径。但受到技术快速进步和年龄等因素的双重作用，一些思想政治教育工作者由于未能及时跟进网络技术的更新，难以充分应用新媒体工具展开有效的学生思想政治教育。这导致教育方法趋向单调且乏味的僵化状态，容易让学生对思想政治教育产生排斥心理，进而激起学生对教育内容的抗拒甚至厌恶，从而削弱了教育的影响力和实际效果，使教育成效难以转化为学生的常态行为，造成浪费资源、投入多回报少的局面。

第三节 学生思想政治教育模式问题的成因

一、教育本质的认知异化导致教育理念滞后

本质上，教育是培养人的过程，它的核心在于贯彻马克思主义的教育理念，即推动个体全面发展。这一理念也构成我国思想政治教育的认知基础。考察东西方教育实践的历史进程，不难发现中国传统以礼、乐、射、御、书、数"六艺"塑造贤才的理念，与西方早期教育中高度重视算术、几何、天文、音乐、语法、

修辞、逻辑"七艺"培养理想人才的观念不谋而合。英国教育家约翰·亨利·纽曼推崇广泛的博雅教育；德国教育家弗里德里希·第斯多惠倡导全人教育；而美国教育专家詹姆斯·布莱恩特·康南特（James Bryant Conant）与罗伯特·梅纳德·哈钦斯（Robert Maynard Hutchins）分别主张要素主义教育和永恒主义教育理念，而约翰·杜威（John Dewey）作为实验主义教育哲学的奠基人，连同持相同见解的 W. H. 克伯屈（W. H. Kilpatrick），形成了一股侧重于塑造学生的道德品质和行为模式的教育力量。然而，中职学校在教学实践中，经常偏向于灌输专业知识和技术训练，往往忽略了对学生价值观念和理想信念的塑造，偏离了对人的全面教育。这一种现象源于对教育以人为本原则的忽视和对教育成效而非教育本质的过分追求。这种对教育本质的误解导致思想政治教育日益成为对学生成批式加工的途径，只重视知识的灌输和学生的管理，而对他们全面发展的需求熟视无睹，是教育理念滞后的根本原因。这种教育理念不可避免地培养出大量技能单一、品位相似、个性匮乏的学生，阻碍了他们的个性化和自主发展。由此，教育变成了工厂流水线式的生产过程，生产出刻板化的"标准零件"，而不是培养具有独立性格、全面发展的"人"。

二、教育与现实需求脱节导致教育内容片面单调

当前教育和现实需求间的脱节主要表现在三个方面：首先，当下学生思想政治教育与社会发展需求并未同步更新，主要是在应对社会发展对学生思想观念产生的影响、在审视学校思想政治教育与社会环境关系以及在体现思想政治教育理论更新方面显得滞后。这种现象容易导致学生在道德评判和选择上感到迷茫和困惑。其次，中职学校的思想政治教育与知识教育之间存在断层。教学领域的过度细分将原本应整合的知识与思想政治教育割裂为个别独立模块，如德、智、体、美、劳等，仅简单堆叠而不形成体系，造成各自为政的局面。专业教师过于关注学科专业知识传授，忽略了其所承载的价值和道德含义，在思想政治教育中也忽视了对学生职业伦理和实践创新能力的培养。最后，学生思想政治教育与真正的品德教育脱节。历史经验表明，缺乏德育会培养出品行不端之人，但若忽视德育的现实基础而单方面追求完美的道德目标，则可能滋生伪善的人格。目前学校在进行思想政治方面的教学活动时，依旧主要关注传授道德知识，将其作为核心教育内容加以强调。这种方式使得教育工作陷入空洞的形式主义或者转变为对绝对美德的盲目崇拜，导致理想教育、信仰教育以及真正的品德教育不断被削弱，教育内容与社会实际需要之间脱节。

三、功利思想的影响导致教育方法僵化

在功利至上的思潮推动下，中职学校逐步偏离了其作为知识传播净土的本质，陷入物质追求的误区，从而加剧了其内部冲突与自我认知的混乱。随着育人初心逐渐淡薄，人们对现代教学理念的接受变得迟疑滞后。这些学校正转变为一片追逐声望与利益的战场，思想政治教育日益沦为走过场。又因为教育趋向社会需求的哲学不断在学术界兴起，许多学校倾向于将满足社会需求作为教学的首要目标，而非实现学生的全面发展。于是，在教育过程中过于强调实用性与适应性，而淡化了人文教育，学生的主体性常常被忽视，教育系统过于注重与社会适应性相关的教育观念。当功利主义渗入学校时，学生发展的方向受外部左右，而非自身选择；他们逐渐转向服务于社会表面的需求，这种转变带来的消极影响显而易见。

在此背景下开展学生思想政治教育活动，许多教师更倾向于考量是否已实行了相应的思想政治教育以及利用何种手段可以大幅降低教学成本，而不是注重选取哪种方式能够更高效地促进学生思政素质的提升，切实提高他们的思想品德修养及政治水平。这种倾向会使学生思想政治教育方法变得单一而僵化。

第四节 构建学生思想政治教育模式创新的策略

中职学校需紧密结合目前学生思想政治教育现状及学生自身特点，突破传统育人途径，立足于明确的思想政治教育改革方向及其理论基础，追求构建出一套既适应学生成长成才又顺应教育发展规律的新型教育模式。本书在掌握学生思想政治教育模式的理论基础之上，构建学生思想政治教育综合发展新模式，将围绕培养目标选择、教育内容选择及教育方式选择等方面展开具体实现路径的探讨。

一、构建学生思想政治教育新模式的培养目标选择

（一）培养目标选择要件

中职学校在思想政治教育中追求的目标是根据社会对中职生在思想认识、政治觉悟、道德素质和行为方式等多个方面的品质要求来设定的总体构想或标准，代表了在一个特定时间周期内对学生思想政治教育成效的期望。它准确界定了中职学校对学生进行思想政治教育的职责，并体现了思想政治教育活动的根本性质。这些目标不仅反映出其具有的阶级性和政治性的特点，还包含历史性与民族性的特点，对于中职教育中思想政治教育模式的构建与创新起导向作用。这种导向作用进而决定了思想政治教育的具体内容、教育方法、过程管理和效果评估等

各个方面，对整个思想政治教育模式的构建与创新发挥指导、调节和控制的重要作用，是思想政治教育活动的出发点和落脚点。

中职学校在选择创新型学生思想政治教育模式的培养目标时，必须考虑以下四个基本要素。

首先，学校在进行思想政治教育时，要紧密贴合国家目标，体现阶级性与政治性、历史性和民族性的特征。具体而言，不同国家的学生思想政治教育目标因文化底蕴与政治体制的差异而异。例如，英国力图通过思想政治教育培养合乎社会标准的"合格公民"，美国致力于培养具有积极开拓精神的公民，德国旨在培养拥有全球视野开放心态的人才，而法国的目标则是培养兼具纪律和自由素质的公民。

其次，学生思想政治教育培养目标应当确保将教育过程与社会对人才素养的需求相结合，这不仅包括对学生思想、政治、道德、心理及行为习惯的发展方向进行明确指引，而且要对接社会对专业人才素质的期许，确保学校的思想政治教育沿着正确的轨道有效实施。

再次，思想政治教育的培养目标应具备强有力的集聚效应，不仅需激发教育者与学生二者的积极性，还要有效整合各类思想政治教育资源，进而确保思想政治教育工作的各要素都能围绕培养目标实现协调配合。

最后，学校思想政治教育培养目标必须立足于时代对学生发展的新要求。根据全球教育领域的权威组织21世纪教育委员会的观点，未来的人才需要具备"学会求知、学会做事、学会共处、学会做人"等多方面能力。学校应致力于学生的全面教育，强化他们的全面素养和协调性发展，以实现个体的可持续发展。这包含将学习能力与全面能力、个性修为与性格养成、社会个体与群体生活、生理与心理方面等多重要素互补融合，寻找最优的平衡点。其目的在于培养勤于探索知识、善于沟通合作、敢于面对挑战、勇于创新突破的学生，使其成为有深度文化底蕴、胸襟广阔、充满担当精神、具备国际视野以及善于创新应变的优秀人才。

（二）培养目标选择定位

立足于创新型教育模式的培养目标可以概述为以下几个重要方面。

一是"政"，即拥护中国共产党的领导，坚定不移地遵循党的基本路线、方针、政策，秉持对社会主义祖国的深沉热爱和对人民的深情关怀，心怀壮志，理想崇高。能够矢志不渝地为实现中华民族的伟大复兴而努力奋斗，坚持不懈地为中国特色社会主义建设事业贡献自己的力量和智慧。

二是"德"，即品德高尚，具有正确的世界观、人生观和价值观。

三是"智"，即有自主学习意识，有明确的个人志向与追求，具备较高的专业知识素养。

四是"体",即身心健康、体魄强健。

五是"美",即有审美能力,能够发现美、欣赏美、创造美。

六是"群",即有团队精神并善于同他人合作,有社会责任感。

七是"情",即要有高雅情趣。

八是"事",即动手能力、实践能力强。

九是"灵",即有发散思维、创新意识。

十是"续",即耐力持久、持之以恒。

其中,"政"为核心,"德"为基础,"智"为根本,"体、灵"为前提,"美、群、情、事、续"为拓展。

归根结底,学校思想政治教育的培养目标旨在培养年轻一代成为在政、德、智、体、美、群、情、事、灵、续等多个维度全面发展的,符合中国特色社会主义事业要求的合格建设者和可靠接班人。

二、构建学生思想政治教育新模式的教育内容选择

创新学生思想政治教育模式,必须依据时代发展和学生成长的需要,适时选择和创新教育内容,不断充实和丰富教育内容,开辟新的思想政治教育领域。

(一)教育内容选择的基本原则

学生思想政治教育内容是为了达到既定思想政治教育目标所开展的一系列教育实践活动。鉴于学生和社会发展需求的双重变化,学校必须对学生思想政治教育培养目标进行适时调整和重新定位。在此过程中,选择合适的教育内容至关重要。选择这些内容时必须坚持几条基原则。

1. 坚持学生思想政治教育内容政治性与学生发展性相结合

长期以来,教师对学生的思想政治教育坚持政治意识形态教育,着重采用课堂教育手段让学生学习政治理论,这在一定程度上满足了社会政治方面的要求,却忽略了思想政治教育在促进学生个性化发展方面的责任,导致教育内容同学生的真实需求脱节,变成了形式上的灌输。因此,教师要创新思想政治教育的教育方式,在选择教学内容时虽然还应聚焦政治教育,但同时不能忽视对学生个性化发展的关注。

2. 坚持思想政治教育内容的理论性与实践性相结合

如前文所示,中职学校思想政治教育通常依赖课堂教学作为主要手段,此方法被视作最有效的思想政治理论教授方式。但实践所带来的经验,则能够为学生提供更加生动的知识学习方式。尤其近年来,学生的实践能力日益被重视,这与社会实践教育的推广不足形成了鲜明的对照。因此,在选择和创新思想政治教育

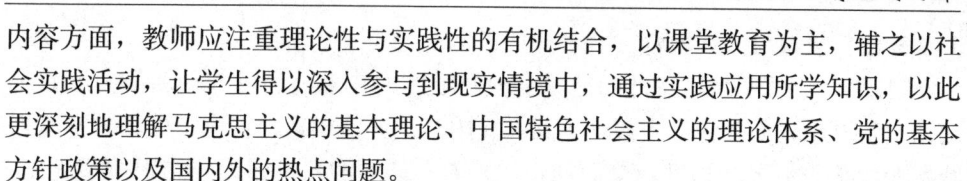

内容方面，教师应注重理论性与实践性的有机结合，以课堂教育为主，辅之以社会实践活动，让学生得以深入参与到现实情境中，通过实践应用所学知识，以此更深刻地理解马克思主义的基本理论、中国特色社会主义的理论体系、党的基本方针政策以及国内外的热点问题。

3. 坚持思想政治教育内容的稳定性与时代性相结合

我国中职学校思想政治教育的主要内容历来是各个时期的社会主流意识形态。然而，此教育内容与时事国情和社会动态的联系不紧密，与学生各阶段发展需要的联系也不紧密，对于当下存在的具体问题未能提供针对性的回应和阐释，致使教育内容脱离实际，难以深入学生内心。因此，在确保思想政治教育稳定性的前提下，学校的思想政治教育内容选择与创新，应结合时代的需要，做到教育内容的多元覆盖：不仅需要涵盖爱国主义、公民道德等思想政治教育领域，还应覆盖学习方法、习惯培养、专业知识及艺术欣赏等；同时还应解决学生实际生活中的困惑，顾及他们的紧迫需求，以此推动学生持续自我发展，全面提升其综合素质。

（二）教育内容选择的主要维度

学生思想政治教育内容选择在保证兼顾政治性与学生发展性、理论性与实践性、稳定性与时代性等基本原则下，为构建综合性的思想政治教育模式，需要综合考虑以下五个方面选择教学内容。

1. 政治理论与理想信念教育

在思想政治教育过程中，政治理论教育居于中心位置。它是人们寻求价值观导向和支配个人行为的精神动力。通过对政治理论的系统学习，学生坚定社会主义信念，且以共产主义最终目标为人生方向。该教育的目的在于培养学生宏伟的人生理想，提高其政治觉悟和理论素养，引导他们建立正确的思维方式，有助于他们的全面发展。

2. 传统文化与思想道德教育

随着社会主义市场经济的深入发展，学生的价值观念日益受到金钱至上和奢靡享受等观念冲击。在多元化的价值导向作用下，一些学生放弃了勤劳俭朴等传统美德，趋向于追求物质享受而忽略精神奉献，偏爱豪华生活而轻视节俭，追求个人利益而忽视公平正义，这类情形不时出现。面对这种趋势，思想政治教育内容应当融入我国的传统文化内容，用我们传统文化中的深刻哲理和丰富人文精神去滋养学生的心灵，推进以社会主义核心价值观为基本内容的思想教育，将道德教育作为基础性任务，形成专门针对金钱崇拜和享乐主义等负面思潮的专题教育。

3. 创新教育与实践教育

21世纪，教育的最高目标是深度激发个体内在潜力和培养创新能力。基于此，学生思想政治教育应当整合创新教育内容。具体而言，首先，创新教育应当确保专业素养的不断提升，全面加强学科专业能力的系统建设与知识体系优化。合理的知识体系不仅要满足行业需求与社会生活的基本要求，也需彰显其独到之处，做到既深又广。专业知识作为构筑这一体系的主体，为学生的创新活动打下认知基础，并对其成才起到根本性的支持作用。其次，学校应当营造鼓励创新和崇尚创新的学习环境，通过学术演讲、论文竞赛、科研成果展示等多种形式的活动来提升学生的创新意识和能力。最后，能力作为智力的外化，它分为认知和技能两大类，并且在智能结构中充当"效能转换器"。因此，能力培养在学校教育中格外重要，对学生成才的意义重大而深远。由此可见，学生思想政治教育内容中必须包含实践教育，以此促进实践能力的提升。

4. 身心素质教育与就业教育

中职学校应当关心和支持学生在求学过程中遇到的各项挑战，包括健康状况、精神心理、职业发展等重要问题。同样，这也是思想政治教育需要重点关注的内容。学校应充分利用其资源，如建立指导中心，完善咨询服务，创建在线教育系统等多样化手段，为学生提供专业的指导和帮助，以促进他们健康发展、快乐成才。健康体魄是进行各项活动的基础，学生要注重体育锻炼，为全面提升个人素质奠定坚实的基础。体育活动不仅能强健体魄，还能培养出良好的心理素质和社会适应能力。在增强良好体质、提高社会适应能力、促进智力发展、培养良好心理素质等方面，身心素质教育起至关重要的作用。此外，中职教育阶段是学生身心迅速发展的时期。学生思维敏捷、对新事物接纳能力强，但在社交技巧、决断力和抵抗逆境的能力方面还不足，因此实施有效的心理健康教育对于他们成长至关重要。同时，学校也应当强调就业教育的重要性。学校的就业指导服务应该伴随学生整个学习生涯，以多种方式帮助他们形成正确的职业观、掌握就业技巧、增强社会适应能力，并为职业规划及创业培训做好准备。实际上，开展创业活动对于填补就业空缺和增强毕业生的社会融入程度起着至关重要的作用。世界发达国家非常注重对学生创业意识与能力的培养。相较之下，我国在该领域的发展仍处于初级阶段。虽然创新创业教育已在我国很多学校广泛推广，但其教育成效还有待检验。总的来说，推广创新创业教育对于改变学生对待就业的态度，激发他们的创业动力，培养创业精神以及提升其创业技能都具有重要意义。

5. 媒介素养与网络思想政治教育

互联网的大规模应用在拓宽学生思想政治教育渠道的同时，也对其教育内容的选择产生显著影响。鉴于网络环境中各种意识形态和价值理念的交互碰撞，尚处在形成独立价值判断体系阶段的学生易受网络学习成瘾、网络孤立感、网络行为无规范等学习态度、心理状态和道德行为问题的影响。因此，中职学校需及时强化网络环境下的学生思想政治教育内容，帮助学生作出有益的价值抉择与判断。网络思想政治教育的内容还应整合媒介素养教育方面的知识。换言之，学校应将新媒体的整合应用于课堂教学和知识传授过程，专注培养学生对媒体信息的筛选、领悟、评估、应用及表达能力，培养他们自觉遵守媒体运用的规则和道德的良好素养。

三、构建学生思想政治教育新模式的教育方式选择

教育方式是在一定的教育理念指导下，遵循教育的一般规律和基本原则，为达成教育目的而设计的带有策略性的途径。要打造"五维一体"综合性的学生思想政治教育模式，需要立足于思想政治理论课对学生思想政治教育的主渠道功能，且防止理论教育流于形式化及表面化，除传统课堂灌输式教育方式之外，从多元化、综合性、常态化与隐性化的视角探索适宜的教育方式。

（一）学校、家庭、媒体、社会相衔接的日常化教育方式

日常化思想政治教育方式指的是把思想政治教育融入学生的日常生活中，从而使这些教育内容与目标自然而然地转化为学生固有的观念及行事方式。这就需要思想政治教育从学生的日常生活出发，充分挖掘和利用学生生活的各种场景，开展全方位的教育活动。具体而言，其中既涉及学校在学生日常学习中渗透的教育模式、管理手段和提供的服务项目，比如学校对学生个别问题提供的咨询教育；也涵盖学生所接触的社会大环境的教育，如来自家庭的教养、媒体的引导以及参与社会实践活动等。

1. 学生思想政治教育的咨询教育方式

面向学生实际需求，中职学校所提供的咨询教育应主要包括心理、学业和就业三个重要方面。详细内容如下：

（1）心理咨询。学校开展心理咨询时需关注以下三个方面。

首先，必须认识到心理咨询对学生个人发展的重要性。人的心理健康与生理健康一样重要。对学生来说，面对繁重的学习和未来职业的压力、处理人际关系能力较弱、感情易受伤害的年轻心灵、抵抗挫败感的能力不足以及理想与现实之间的巨大差距，这些因素普遍使得学生容易出现心理问题。因此，学校为学生提供及时的心理咨询，能够帮助他们调整情绪、缓解心理压力、振奋精神，使他们更好地融入学习和生活中。

其次，要明确心理咨询与思想政治教育之间的相互关系。心理咨询和学生的

思想政治教育既相辅相成，又各有特色，两者应保持独立性而不宜互相混淆。思想政治教育包括学生心理健康教育，而心理咨询能帮助学生应对心理障碍，以支持思想政治教育的实施。正如先前分析的，学生不仅需要树立正确的道德观念，积累丰富的科学文化知识，保持良好的身体状况，也须有健全的心理素质。但长期以来，学校在进行思想政治教育时过于注重对学生思想观念的形成，却忽视了对心理素质的培养；过于强调学生遵守国家和社会的道德准则，却忽略了对心理健康的引导，将不少学生的心理问题误认为理念偏差，这使得学生的思想政治教育失去了针对性和实效性。因此，将心理咨询的理论框架、技术方法和实践程序融入学生的思想政治教育中，对其发展极具意义，更能满足学生的实际需要，使思想政治教育走向生活化、科学化、具体化和实用化。

最后，要全力提高学校心理咨询服务的专业水平。学校应引进有专业认证的心理咨询专家以指导在读学生的心理健康问题。同时，思想政治教育工作者需从被动转为主动，积极学习掌握心理学专业知识。通过设立特定课程、举办专题讲座等方式，向学生提供心理健康咨询服务。服务范围应从个人咨询逐步扩展至注意个体和群体的咨询，并且将理论与实践紧密结合。心理健康教育与咨询应融入思想政治教育的重要环节，通过普及心理健康知识、宣传心理知识、建立及更新学生心理档案和鼓励学生进行自助心理活动等途径，帮助学生及时消除心理困扰，进而提升他们的心理素质。

（2）学业咨询。对于学生而言，学习是他们生活的核心。其学习生涯的首要目标便是圆满地完成学业要求，这是因为通过深入学习，他们能够积累丰富的专业知识，并逐渐形成基于科学原则的思维模式，同时激发内心的创新意识。自步入校园开始，学生会发生一系列转变，面临全新的学习环境和方法，这些变化往往会使他们感到困扰，有时甚至会导致学习兴趣下降或自我认知的困惑。因此，当学生遇到学习挑战时，学校应当提供有效的学业指导和咨询服务。具体说来，建立有效的学业咨询体系应当从以下四个方面入手。

首先，设立重点负责学业咨询的机构。通过建立相关规定流程，选拔学业辅导师资并进行学业指导理论的探究等途径，确保该咨询机构有效地指导学生的学习进程、处理学生在学业上遇到的具体困难，以及开发学生在学业上的潜力，充分发挥其积极作用。

其次，举办学业咨询培训活动。学校对教育工作者展开全面培训，让他们充分掌握必要的理论、技术及方法，从而提升在学业咨询服务上的专业性与科学性。

再次，构建合理的学业评估与预警体系。学校有针对性地建立评估与预警体系，实施对学生学习情况的科学分析与评判，进而能够对遇到学业困难的学生给予及时的提醒与指导。

最后，丰富学业咨询方式。学校采取组织学习经验交流会、创建学业咨询社团、设立学业咨询工作室等更为灵活、丰富和高效的手段，开展学业咨询工作。

（3）就业咨询。随着就业日益成为评估学校教育水平的重要指标，它也变成了直接影响学校生存和发展的大事。因此，构建有效的就业咨询体系，应当从以下两个核心要素着手。

首先，必须建立完善的就业咨询机制。中职学校需设立就业咨询专业机构，充分发挥学校师资及用人单位资源的优势，并邀请有丰富实践经验的行业专家为中职学生提供系统化的就业咨询。此外，学生的就业咨询应覆盖学生学习的全过程，从理解专业特性、构筑合适的知识框架、科学设计职业规划到具体的职业选择等各方面，都需要按照学生在不同学习阶段面临的实际需求提供细致的就业咨询服务。

其次，助力学生树立正确的就业观和发展观应成为就业咨询的重点。通过就业咨询体系，培养学生树立正确的就业观念，让学生在清醒地认知自我和客观评价社会形势的基础上选择适合自己的职位。

（4）人际关系咨询。随着新生逐渐适应校园的生活环境，他们既要应对学习方法的改变，也要面临生活习惯的调整。宿舍生活使他们的社交圈逐渐扩大，但对很多从小就独自住在一间寝室的学生而言，同住一个宿舍很容易产生摩擦。鉴于此，学生在接受思想政治教育的同时，开展人际交往教育是非常必要的，以帮助他们建立融洽的人际关系。为此，建立一套完善的人际交往咨询体系可以从三个方面来着手。

首先，学校对学生的人际交流问题予以高度重视。他们在进入中职学校学习后，生活和学习的环境发生了明显改变。此时，他们感到社会责任的分量更重，而且所遇到的人际沟通挑战也更加错综复杂，远超小学、初中期间的学习经历。一些学生对这样的改变很不适应，易引发心理问题。研究显示，学生社交的质量与其心理状况密切相关。具体而言，良好的人际关系有助于提升学生的心理与生理健康，并能促进其学习进步。而负面的人际关系会招致心理不平衡，引发孤独感、焦虑紧张、悲伤抑郁或沮丧，极端状况下还会产生自杀的想法。因此，为学生提供关于交际互动的咨询服务，对于促进和确保其心理健康具有急迫性和重要性。

其次，学生人际关系咨询服务是全体教育工作者共同的责任。人际关系渗透到生活的各个角落，因此相应的咨询服务也应随处可见。不仅是专职心理顾问，其他如辅导员、授课教师乃至宿舍管理员等也都有可能成为学生在人际关系方面困惑的倾听者。基于此，学校需确立每位成员皆为人际关系咨询员的观念，充分利用专业人员的引领和指导功能，激励每个人积极掌握人际交往知识，并遵循人际交往行为规范。

最后，必须在学生人际关系咨询中培养学生良好的社交行为习惯。学生需明白并掌握人际交往的原则：互敬互谅、尊重对方、真心相待、相互帮助、信守承诺、宽宏大量。同时，应重视对学生社交能力的培养，让他们变得善于表达自己的观点、学习聆听他人以及适时地进行情感管理。

2.社会支持体系下的学生思想政治教育方式

在社会支持体系中，对学生进行思想政治教育主要涉及家庭教育、社会实践育人及媒体引导三大方面；同时，这三个方面也是实现机制的着力点，它们在认知、心理及行为三个方面为学生提供了各具特色的社会支持。

（1）家庭教育。家庭对人的日常生活产生不可忽视的影响，其中家中的情感环境、教养方法以及成员结构为中职生提供了经济、心理、认同感等多方面的支持，这对他们的个人发展和能力培养起到了显著作用。中国悠久的文化传统中就高度重视家庭在教育中的作用，这一点从古语如"子孙贤则家道昌盛，子孙不贤则家道消败""苟家人之居正，则天下之无邪"和"家之正则国之定"中便可见一斑。另外，一位美国社会学家将家庭描述为"社会经验的看门人"，并主张"家庭教育与孩童的政治意识形成有着密切的联系"。世界各国普遍重视家庭在教育中的作用，认为它是对学校教育的有效补充。

（2）媒体引导。在如今大众媒体时代，中职学生的思想和行为越发明显地受到了公众舆论的左右。充分利用各类互联网媒体对学生的思想政治素质提升起着至关重要的引导作用。然而，媒体在市场经济驱使和消费主义诱惑下不断趋向商业化，这种无处不在的娱乐化风潮严重扭曲了学生的伦理观，模糊了他们对正确与错误的价值判断。有关部门应对媒体赋予其"社会支持"的管理职责，旨在为学生思想政治教育营造一个良好的公共舆论氛围，并通过媒体传播、互动对话、教育咨询、行为示范及审美教育五种方法，承担起学生思想政治教育的职能与责任。

（3）社会实践。实践活动是指人类有目的地改变现实的感性物质活动，它是客观物质性和主观意识性的统一。学生的实践活动涵盖了校内实践和社会实践，而其核心在于后者。社会实践对于培养学生思想政治素质和道德素质起到了显著的促进作用。

学生思想政治教育得到了各行各业的支持，在众多支持形式中社会实践活动的作用尤为重要。实际上，这类实践活动在提高学生的政治意识和思想品质上起到了突出作用，其主要效果体现在以下四个方面。

其一，社会实践是提升学生思想政治素质的有力手段。实践是人们改变社会的基本行为，是获取知识的源泉，也是掌握和应用理论的实用方法。一方面，学生具备敏捷的思维和较强的接纳新事物的能力；另一方面，他们的社会经历不足且缺乏实践经验。社会实践能够助力学生深入地认识和了解社会，更准确地发现社会中的焦点问题，并且有针对性地思考解决问题的方案与方法，由此更有效地提高学生的思想政治素质。

其二，社会实践是培养学生创新能力的重要途径。通过社会实践，学生可将所学知识进行现实检验，并在人际交往、执行具体任务，以及解决各种问题的实际体验中，有效增强其社交、组织管理以及创新能力。在社会实践过程中，学生将接触各种新鲜事物，这不仅为他们的创新思维注入鲜活力量，也提供了持久的动力。

其三，社会实践是塑造学生德行修养的有效途径。通过社会实践，他们能够深入了解国情，这不仅引发了他们对祖国深沉的热爱，同时也激发了报效国家的担当精神。另外，社会实践同样促进学生树立积极的社会道德理念。

其四，社会实践是培育学生良好心理素质的有效路径。在各类社会实践中，学生能够磨炼坚韧不拔的意志，提高对压力的承受能力。参加社会实践不仅助其去除浮躁及自负的缺点，还能激发他们不畏困难、锐意进取的精神。

总之，若要激发并最大化社会支持的潜能，以提高学生的思想政治教育效果，关键在于通过创新管理手段，借助有效的介体将各个教育环节的道德教育功能紧密衔接，激活他们潜在的积极作用与正面影响。这种介体主要分为三个类别：一是有效的心理健康教育。心理健康教育不仅是社会支持影响学生思想政治教育的出发点，也是社会支持整体效用的终极体现。学校通过实施心理健康教育，在理解与共情的基础上，掌握学生面临的缺乏社会支持的表现，并有针对性地提供解决建议。二是畅通的组织架构。社会支持功能在思想政治教育中的发挥，其核心在于人际关系的建立。构建可以充分提供学生社会支持的团体组织，如学生社团、兴趣小组、一对一帮扶等形式，都能大幅提升社会支持在思想政治教育中的积极效用。三是科学的规章制度。任何教育模式的构建和改进，都依托于制度框架的支持。目前，一些中职学校已经实行的"教师寒暑假家访""给家长的信""校园开放日"等制度，利用家长关心学生校园生活，及时将家庭教育融入学校教育之中，从家庭方面为学生的思想政治教育提供强有力的教育支持。

（二）以校园文化等为载体的隐性教育方式

多年来，我国中职学校在学生思想政治教育实践中普遍采用了较为直接、传统的"填鸭式"显性教育方式，这一方式虽然在成效上有所表现，然而其内在弊端亦不可小觑，这种不足在某种程度上限制了学生政治认知水平的提升。因此，教育工作者有必要在保持原有显性教育方式的同时，更广泛地应用隐性的、间接的、悄无声息而能在学生心底悄然发挥作用的思想政治教育方式，以提高教育的有效性。事实上，在整个社会大环境中，家庭教育、媒体引导以及学生参与社会实践都在潜移默化地影响他们的政治思想成长。对于人才培养方案而言，校内的文化活动显然是极为重要的隐性教育资源之一。

显而易见，深受学生喜爱的高雅、积极向上的校园文化，在对学生进行文化陶冶与思维启迪方面可发挥其影响力。因此，各种校园文化媒介在学生思想政治教育上的积极作用应被充分利用。依托校园文化开展隐性思想政治教育，不仅要有明确的指导原则来确保教育成效，而且需要设定明确的发展目标来定位教育方向，建立一套完备的理论体系以构建教育基础，进行有组织的实践尝试以积累教育经验，另外，还应该从以下几个方面着手。

1. 加强校园文化建设

校园文化环境涵盖了物质、制度与精神三个维度，这三个维度相互关联，层层深入，共同形成了学校的表层文化、中层文化与深层文化。所以，在校园文化的建设过程中，应当按照由浅入深的逻辑顺序推进。

我们还须认识到，文化的兴盛和成熟是一个漫长且需耐心培养的过程，文化的复杂性加之社会上急功近利的思潮和对文化探索的肤浅认识，都将对文化在人才培养中发挥其真正作用造成阻碍。因此，在校园文化建设上不可能速成，需要从每一个小细节开始，从硬件环境到规章体系，以至精神方面的建设，逐步形成独有的、引人注目的校园文化特色，最终成为在学生思想政治教育中发挥重要作用的载体。

2. 实现文化育人的"一点""两面""三性"及"四加强"

通常来说，校园文化应该具备原创性、综合性、自觉性和独特性四个重要特性。具体而言，校园文化的原创性建立在师生教学活动中的联合创作之上；综合性体现为校园文化在物理形态、规章制度和思想文化等方面的多方位融合；自觉性是指学校核心价值观的形成不依赖于外部灌输或强制，而是通过内部消化转化成为师生自愿遵守的准则；同时，每所学校的校园文化都是不同的，且不可被其他学校模仿复制。总的来看，校园文化应当是高雅脱俗且充满积极向上气息的文化成果，唯有这样的校园文化才具有真正的教育功能。

观察目前的校园文化建设实践，不少学校支付重金聘请设计团队精心打造标志与景观。然而，这一做法在无意中剥夺了校园文化原有的创造力和高度文化价值，同时，在一定程度上消磨了校园本应独有的原创精神、自然风貌与独特文化属性。

因此，在落实文化育人作用时，我们必须着重强调的不仅是学校内的管理文化与组织文化等制度文化建设，还包括学校课堂文化和课程文化等知识文化方面的建设，而不只是局限于物质形态的肤浅建设。

具体而言，还需关注文化育人的"一点""两面""三性"及"四加强"。

"一点"代表确立校园文化建设的立足点。中职学校在推进校园文化建设时，应当发端于其内部构建与展望，扎根于师生群体的成长与发展，不仅以学校的发展作为校园文化建设的出发点，还要将学校的发展作为校园文化建设的落脚点，并且体现为文化育人应该面向全体教职员工与学生这一对教育与受教育主体。然而，当前实际情况所见，诸多中职学校在推动校园文化基础建设时，偏离了其本质目标，具体表现在以加强宣传为追求，或者以塑造公共形象为追求，抑或追随潮流为追求，以及将之作为争取经费的手段等。因此，中职学校需要准确定位文化建设的立足点，在广纳全体师生智慧的基础上落实，以推动师生群体与学校本身的共同发展为归宿，秉承"以人为本""以尊为先"的文化建设理念，并坚持实事求是的文化发展态度，才能取得最佳效果。

"两面"是指重点把握好校园文化的"内涵"与"外延"，使二者相辅相成。一方面，校园文化的内涵涉及学校所推崇的核心价值观、基本原则及其宗旨。另一方面，校园文化的外延则表现在校园景观设计、规章制度、行为规范及管理策略等方面。从文化内涵与外延的关系来看，如果缺失深刻的文化内涵，则教育手段与成效均会根基动摇；反之，如果缺乏合适的文化外延，文化内涵也难以转化为具体的文化存在，终究只是空想。在促进校园文化建设时，常常过分偏重文化的外在表现，忽略了内涵的塑造。实际上，只有是着眼并增强校园文化的内涵建设，方能真正提升校园文化建设水平，增强其吸引力。

"三性"是指在推进校园文化建设的过程上，必须坚守的三项基本原则：民主性、系统性与发展性原则。民主性强调在校园文化建设的全过程中，也就是从文化理念的构思到文化载体的选择上，必须广泛动员全体教职员工及学生共同参与，而非采取唯上命令式的处理方式。这是因为围绕校园文化建设所展开的民主讨论和意见征集实际上也是对校园文化的传播与内化的过程。换句话说，校园文化的民主性是确保文化独创性、自然性与个性特色的重要基础。至于系统性，则要求在系统规划下实施文化建设，无论是理念构建、实施手段，还是活动组织、物质与精神产品创造，都应整合于这一系统性框架之中。至于发展性，则涉及校园文化建设的连续推进与创新，切勿存在断断续续、随意改变的情况。校园文化的塑造需要不断地改革与创新，确保校园文化质量经久不衰，且使得学校的文化熏陶能覆盖每个学生成长的每个阶段。

在推进校园文化发展时，"四加强"必不可少，包括加强思想认识、加强领导、加强引导与加强活动。首先，加强思想认识是基础。由于校园文化的无形特

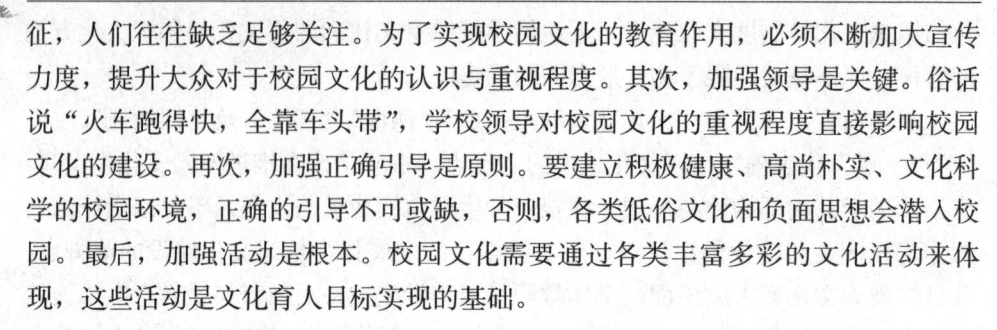

征，人们往往缺乏足够关注。为了实现校园文化的教育作用，必须不断加大宣传力度，提升大众对于校园文化的认识与重视程度。其次，加强领导是关键。俗话说"火车跑得快，全靠车头带"，学校领导对校园文化的重视程度直接影响校园文化的建设。再次，加强正确引导是原则。要建立积极健康、高尚朴实、文化科学的校园环境，正确的引导不可或缺，否则，各类低俗文化和负面思想会潜入校园。最后，加强活动是根本。校园文化需要通过各类丰富多彩的文化活动来体现，这些活动是文化育人目标实现的基础。

第五章　学生思想政治教育的评估

第一节　学生思想政治教育评估概述

思想政治教育是有目的、有计划、有组织的教育活动，是动态发展的过程。为了确保思想政治教育的目标能够顺利地达成，非常需要及时获取教育活动的反馈信息，并对教育过程进行有效监管和调整。对思想政治教育的评估构成了教育过程中的基本环节，并且成为获取教育反馈的基本方式。

一、学生思想政治教育评估的内涵

思想政治教育评估指的是依据社会对该领域的需求及评估对象现状来拟定评估指标，通过采用考试和数据分析等现代技术手段，对思想政治教育成效进行价值判断的过程。基于此，中职学校思想政治教育评估即为依据中职学校对学生思想政治教育的目标设定和实际思想情况，构建评价指标体系、利用测量工具和数据分析等科学手段，对教育的支持制度、执行情况及真实影响进行价值评定的过程。该过程为评估教育部门（或相关人员）的工作效果以及制定合理的思想政治教育策略提供了重要依据。

对于思想政治教育评估，至关重要的便是考查该课程是否达成既定的学习效果。其核心宗旨是提高学生的思想政治素质，因此，所有相关教育活动的开展都必须紧密围绕这一核心进行，以确保目标的实现。若经常性地开展思想政治教育能够显著提升学生的思想素质、政治素质、道德素质和理论素质，这就意味着思想政治教育活动已经产生了积极成效。反之，则表明所实行的思想政治教育尚未达到提升学生思想政治道德素质的预期效果。因此，针对该领域的评估工作，必须围绕其目标，建立一套包括学生政治素质及其变化趋势的综合评估标准，以此来真实地反映教育带来的具体影响，并准确判断思想政治教育的实际成效。

此外，思想政治教育的保障机制和实施过程同样构成了评价工作的重要内容。思想政治教育的保障机制和实施过程的有效性是思想政治教育取得实效的决

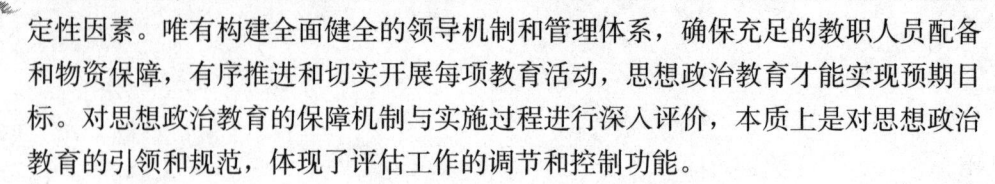

定性因素。唯有构建全面健全的领导机制和管理体系，确保充足的教职人员配备和物资保障，有序推进和切实开展每项教育活动，思想政治教育才能实现预期目标。对思想政治教育的保障机制与实施过程进行深入评价，本质上是对思想政治教育的引领和规范，体现了评估工作的调节和控制功能。

二、学生思想政治教育评估的特点

中职学校思想政治教育评估不仅具有一般现行评价体系的普遍特征，遵循评估的基本规律，而且也展现出独到之处。

（一）导向性

评估的目的在于提升与优化。学生思想政治教育评估是有计划、有组织的主动行为，依循既有的目标要求和期望作为衡量的标准来进行价值评定。通过对在校生思想政治教育现阶段情况的搜集、剖析、归纳及评价，可适时揭示和概括在思想政治教育方面所获得的成绩与面临的挑战，为下阶段的思想政治教育活动提供重要的实践经验，进一步引导思想政治教育朝着正确方向发展。

（二）客观性

学生思想政治教育质量的评估过程虽由主观意愿和目标推动参与者完成，却不妨碍其评估结果所体现的客观性。反映学生思想政治教育的客观过程与实质，正是评估工作亟待完成的核心任务。能否保持对思想政治教育评价的客观公正，直接关乎我们能否坚守辩证唯物主义的科学道理，并且触及评价结果可靠性的问题。只有遵守客观性原则，在评估过程中做到实事求是，才能排除主观武断、偏见的干扰，从而真正全面地反映思想政治教育的实际成效。否则，评估会因夸大或缩小实际成效而导致判断失误。

（三）整体性

学生思想政治教育涉及多个方面，极为烦琐而且系统，这种情况是源自其影响效果涵盖面广泛的事实。在影响学生思想政治教育成效的众多因素中，不仅包括校内各个活动系统的交叉作用，同时还受到外界社会条件的多方制约。因此，在对学生思想政治教育进行评估时既要慎重考虑社会环境对教育的作用，又要密切关注并分析教育过程中每一个步骤和各种可能影响，实现对具体事务和总体规划的有机结合。

学生思想政治教育育人成效的评估涵盖了多个方面的协同体系。如果仅从某一方面来衡量其社会影响力，例如只考察其对经济增长的贡献，忽视对文化建设所产生的正面作用，便走进了分开考量的误区。因而，从全局角度评估学生思想政治教育的贡献是评估工作的关键所在。这意味着，在分析学生思想政治作用与实际成效时应当综合全面分析，避免仅从单一维度来作出评价。我们应该对学生思想政治教育在推动经济发展方面给予关注，同时还需探讨其在促进社会关系、上层建筑发展中的作用，尤其是评价其在提升社会精神文明方面的重要性。学生思想政治教育评估不仅要分析思想政治教育带来的现实成效，还需研究其潜在的和长远的社会效益。

另外，学生思想政治教育效果通过各种各样的表现形式，显示出其评价的综合性。鉴于此，构建的评估指标既要体现人们所创造的物质成果，也要体现人们所创造的精神成果。评估的指标应涵盖德、能、勤、绩等内容，全方位考察中职教育中的思想政治教育成效。

（四）动态性

随着学生思想政治教育的不断发展与深化，相应的评估体系也在同步发展。因而，当代思想政治教育的评估呈现出明显的动态性，其主要特点体现在以下几个方面。

1. 动态性是评估自身的特征

评估过程实质上是一系列不断变化的过程。首先，在对单独的一次思想政治教育评估中，包括建立评价标准、收集材料、分析数据、作出判断并给予反馈等诸多阶段；其次，在整个思想政治教育评估机制中，整合了评估的启动阶段、中间阶段以及最终总结阶段等多个时间段。

2. 思想政治教育评估是一个不断优化的过程

在评估活动中所做的种种调节也呈现出一种动态性特征。评估时有意识地对评估指标体系进行修改，或是提升部分指标的分量，这些行为都是对原定计划的不断优化。

3. 思想政治教育评估须与其效果发展密切配合

学生思想政治教育成效具有滞后性，因此，全面评价该教育成效须对受教育者实施连续性追踪。这种教育在开展一段时间后方可见成效，因而相关的评估工作须定期进行。

三、学生思想政治教育评估的内容

（一）学生思想政治教育目标、内容设定的评估

学生思想政治教育的成效与思想政治教育的目标、内容的设定紧密相关。假如既定的思想政治教育目标与内容过于抽象、过高、过空，甚至脱离学生的思想政治实际情况，那么想要取得良好的教育效果几乎是不可能的。相反，如果这些

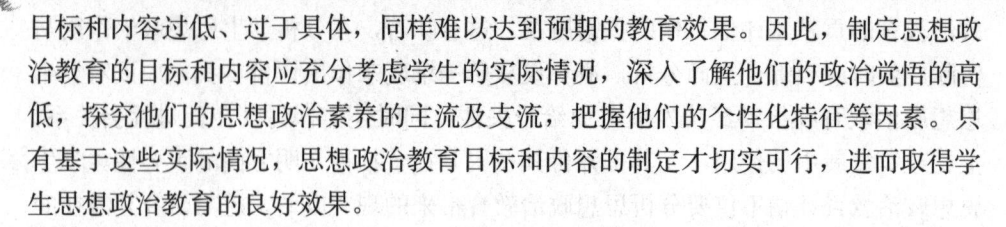

目标和内容过低、过于具体，同样难以达到预期的教育效果。因此，制定思想政治教育的目标和内容应充分考虑学生的实际情况，深入了解他们的政治觉悟的高低，探究他们的思想政治素养的主流及支流，把握他们的个性化特征等因素。只有基于这些实际情况，思想政治教育目标和内容的制定才切实可行，进而取得学生思想政治教育的良好效果。

（二）对学生思想政治教育执行的路径和方式的评估

在学校思想政治教育过程中，教师采用的策略和方法同样是评判教育效果的重要因素。由于教育成效与选用的具体实践手段紧密相连，不容忽视。尽管教育目标和课程设置与学生的真实需求高度相关，但如果没有恰当的教学技巧，教育效果会不尽如人意。采用既轻松又趣味盎然的教学方法，使思想性、知识性和趣味性融为一体，能够潜移默化地对学生产生积极影响，使思想政治教育事半功倍。反之，那些单一的"填鸭式"教学方式、内容浅薄的激昂口号，以及依赖行政手段强制实施的教育方式，通常会激起学生的抵触情绪。

（三）对学生思想政治教育者及教育对象的评估

对学生思想政治教育效果及其素质的提升程度的评估，是构成对学生思想政治教育成效评估的重要部分。学生思想政治教育效果的优劣，在很大程度上依赖于教育者自身的能力，由于教育者扮演引导学生思想政治教育的主导角色。如果教育者本身具备较高的思想、理论、政治以及道德素质，他们便能够制订出一套科学的教育方案，用以提升学生思想政治教育的成效；反之，如果教育者素质低下，则难以有效实施学生的思想政治教育。所以，在评估学生思想政治教育成效时，学校应当对教师的能力、水平以及他们开展教育工作的方法和实际效果进行科学评估。

教育成效的优劣及其是否有效，既取决于教育者的互动配合，也取决于受教育者的思想道德和科学文化素质。素质较优的受教育者对学生思想政治教育的吸收与反应更为迅速；相反，若受教育者素质不佳，则学生思想政治教育很难取得成效。

（四）对学生思想政治教育成效性质及其在社会上的作用的评估

单纯对学生思想政治教育的成效进行评估是不够的。要深究学生思想政治教育的实际影响和在社会上的具体作用，必须从剖析影响其本质的经济基础着手，方可清晰认定该教育的实际效能及其在社会上的影响。在判定这种影响的本质与社会功能时，不能仅凭教育本身是否有效来定论，而应当关注其教育目标与内容的性质。如果思想政治教育的目标与内容体现前瞻性特质，即它们反映了先进的生产关系，那么这类思想政治教育效用越大，其积极作用就越明显；反之，如果其目标与内容具有落后性，即反映了落后的生产关系，则这类教育越见成效，其消极作用越突出。

（五）对学生思想政治教育领导、管理部门的评估

学生思想政治教育的效果与校领导层的组织和管理是否紧密配合有极大关系，主要反映在以下四个方面。

1. 领导的重视程度

判断领导层对学生的思想政治教育是否给予足够重视，并评估其是否能够制订理论依据充分的思想政治教育策略和计划，并提炼出切合实际的指导思想与工作内容。

2. 管理制度与监督机制

评估领导和管理部门是否落实了一整套高效的管理与监控体系及明确的奖惩规定，同时是否打造了一支强大而且高素质的学生思想政治教育队伍，并不断对其进行全方位素质的培养与提升。

3. 管理制度的实施情况

在进行学生思想政治教育的时候，领导层及管理部门若能掌握正确的教育导向，给予实际指导，同时考量组织和领导的效能，并适时归纳经验，就能不断增强学生思想政治教育的成效。

4. 相关领导的态度作风

学校的领导层与管理部门是否履职尽责，直接影响对学生进行思想政治教育的成效，不但决定教育活动能否顺利开展，也决定了这一教育工作的成败。因此，当学校的管理者对学生思想政治教育给予高度重视并在行动上强化领导与管理时，这方面的教育通常能获得积极成果；相反，如果管理层忽略了这方面的教育工作，这项教育工作很难做好。

确保思想政治教育评估的准确客观，关键取决于建立合理的评估机制。评估机制既要基于客观标准，也须遵循既定的实施步骤。此外，学生思想政治教育评估体系的搭建还应涵盖教育内容和方法的改革。因此，在构建此评估体系时，必须将客观性与创新性有机结合。

（六）学生思想政治教育成效的评估

中职学校思想政治教育的成效真的显著吗？这正是衡量思想政治工作成效的主要内容。这里的成效指实现既定目标和产生预期效果，即产生积极结果；反之，若未触及任何目标，则视为无效，称之为零效应；如果教育结果与既定目标背道而驰，则称为负效应。思想政治教育成效的衡量，是针对教育者依据既定课

程内容对受教育者所施加的正向影响和作用的评价。在效果方面,该教育是否实现了既定目标,成效也存在分级,可以是有效、较为有效、基本有效或极为有效等级别;在效益方面,是从受教育者的思想政治转变是否向着既定目标和教育内容的方向促进,带来社会发展的积极收益来看待;从效率的角度考察,是受教育者的思想政治变化在时间维度上的迅捷或缓慢程度。

准确评估学生思想政治教育成效,需细致考察其复杂多样的效果体现。

1. 暂时的、具体的效果和长久的、根本的效果

前者是那种仅限于某些问题及其应用领域对学生进行的思想政治教育。这种教育所引起的作用往往是短暂的,其影响容易迅速消散。相对而言,后者政治教育影响范围更广、意义更深远,比如在塑造学生的世界观、人生观和价值观方面,它能在更深层次改变学生的思想政治取向。这种教育所带来的改变是根本性的,并且能够持久稳固地存在。

2. 精神效果和物质效果

学生思想政治教育能引发人们在思想认知和道德素养上的改变,这种改变可能是积极的,也可能是消极的。这一过程涵盖了思想和政治立场的重塑以及精神面貌的更新。当这些精神上的改变经由思想政治教育而显现时,它们就有潜力转化成为物质生产的动力,创造出更多的物质和精神财富,为社会进步作出贡献。然而,也有可能出现相反的情况,即消极的精神影响导致物质力量的退步,从而阻碍和谐社会的发展。这便是一种与期望相反的结果。

3. 直观的、现实的效果和潜在的、间接的效果

前者指的是学生思想政治教育在短时间里实现了教育受众的政治立场和思维方式的迅速转变,取得了迅速显著的成效;而后者指的是,尽管学生在思想政治教育过程中没有立刻发生明显变化,但其内心深处的世界观和人生观正缓慢而深刻地发生变化,这种变化是潜在而间接的。随着时间的流逝,这些潜移默化的影响一旦显露出来,就会转变为直接的、现实的成效。

四、学生思想政治教育评估的重要性

对学生进行思想政治教育的效果评估有三方面意义。

(一)学生思想政治教育评估是学生思想政治教育的重要环节和组成部分

中职学校思想政治教育的实施极富挑战性。整个过程包括四个主要环节:首先,确立教育目标,选择教育内容,拟订实施计划,选择合适的实施手段;其次,教师对学生施加影响,为学生实现培养目标、遵循相应要求提供指导;再次,学生内化教师传授的思想政治理念及培养目的、目标,并将其转化为实际行

动；最后，对学校思想政治教育成效及其对社会的意义进行评估。

这四个环节紧密相连，若缺少一个环节，便难以构成完整的思想政治教育体系。仅仅依赖前三个环节，则难以评估思想政治教育的有效性及成效大小，同样无从得知其成绩、经验与教训所在。倘若连思想政治教育的社会影响力都无法把握，那么这样的思想政治教育便变成了徒有其表的工作。因此，思想政治教育一旦失去其意义，就无法对未来的教育提供有效指导。由此看来，评估工作是思想政治教育中不可或缺的一个环节。

（二）学生思想政治教育评估有助于创立科学的学生思想政治教育的理论体系

从系统理论视角分析，学生思想政治教育构成一个控制系统，一定群体或者个体对给定信息持有调控权，对接收教育信息的学生群体产生影响。学生群体接纳了多少信息、哪些具体内容，通过反馈信息的形式传递给教育工作者，教育工作者将给定信息与接收的反馈信息进行核对，从而评估学校思想政治教育的社会效益。根据这些评估结果，教育工作者可以获得客观数据以进行有效的教育调控。从这个角度来说，正确地评估学生的思想政治教育，实际上是对教育成效的真实反馈。因而，准确评估思想政治教育的成效，不仅是实现其科学化的重要基础，也为建立科学的思想政治教育理论体系奠定了坚实的基础。

（三）学生思想政治教育评估有利于提高学生思想政治教育的有效性

对中职学生的思想政治教育成效进行评估，实质上是判断这一教育对学生的影响力与在社会中的实际作用。评估能帮助确认教育是否达标、无效或收效的具体水平。它能帮助区分教育活动中所获得的成绩、积累的经验与存在的不足、犯下的错误及得到的教训，判断既定目标是否与实际相符，目的是否达到，手段是否得当，以及教学内容与要求是否科学合理。这个过程可以为未来在改善和增强学生的思想政治教育方面提供依据和指导，进而优化规划和作出新的安排，发扬成绩，纠正偏差，推广成功的经验，解决存在的问题。这样有利于对思想政治教育的不断改善和加强，提升教育实际效用和质量水平。

第二节 学生思想政治教育评估的原则

中职学生思想政治教育评估的原则是确保教育的导向性和科学性的依据。在坚持思想政治教育基本原则的基础上，借由设定合理的评判标准对该教育过程实施科学性评估，是提高中职学生思想政治教育水平的重要途径。

一、学生思想政治教育评估的基本原则

（一）公开、公平、公正原则

公开、公平、公正原则构成了评估工作的广泛性、平等性及合理性。所谓公开，是指评估的手段、途径、目标等都应该被公之于众；所谓公平，是指说评估的过程以及标准应该保证公平；所谓公正，是指评估的核心价值观应该具有合理的正当性。

1. 公开原则

在对学生思想政治教育成效进行评估的过程中，首先需要确立并切实遵守公开原则，同时坚持评估工作的多样性以及针对性。在学生思想政治教育评估机制之中，公开意味着将本该展现于大众视野中的相关事务，从多个维度和具体目的出发加以公开。而从思想政治教育评估自身的视角，应公开涵盖评估的方式、评估执行者、评估所涉及的内容等；对于系统之外，则关系到信息披露的对象、监督评价活动的管理者等。评估的公正和公平必须建立在公开的基础之上，如果评估不是公开的，那么评估结果的公正性与公平性将难以保证。

2. 公平原则

在思想政治教育评估过程中，确保每位学生得到公平对待是评估过程中至关重要的准则。这种公平并非毫无实质，其内涵是具体而明确的。鉴于思想政治教育评估的独特性，其公平的范畴涵盖了公平的起始条件、公平的评估标准以及公平的最终结果。

公平的起始条件体现在评估基准点的设定要公平。在进行评估时，若不同的评价者基于不同的基准点应用相同的评价准则，那么得出的评估结果不具有可比性且缺乏普适性。具体而言，公平的起始条件要求评估项目是相同的；评估的主体要相同；所采用的评估指标也应相同。

公平的评估标准意味着在对工作进行评估时所运用的评定标准、衡量指标及其构成的指标体系需要保证公平。

公平的最终结果是指评估所得出的结论能够通过统一的手段加以量化和证实，评价过程中的终极判定遵循既定的规范来进行总结与推理，并且这一准则对所有参评主体均等有效。

3. 公正原则

公正是评估思想政治教育效果的重要衡量基础，缺乏这一原则会直接引起评估失衡和结果扭曲。公正包括对人公正、对事公正、程序公正和方法公正。对人公正是评估制度对于所有评估主体都适用，具有普遍性，不会因个体的差异性而产生偏差。换言之，无论受评个体的种族、职务、身份、背景等因素，任何评估

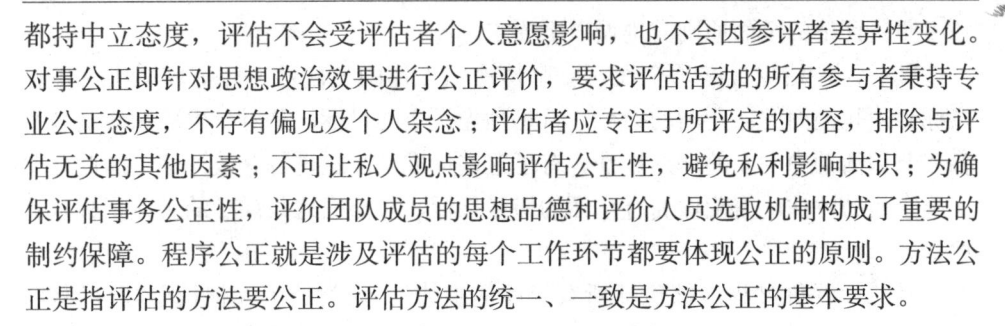

都持中立态度，评估不会受评估者个人意愿影响，也不会因参评者差异性变化。对事公正即针对思想政治效果进行公正评价，要求评估活动的所有参与者秉持专业公正态度，不存有偏见及个人杂念；评估者应专注于所评定的内容，排除与评估无关的其他因素；不可让私人观点影响评估公正性，避免私利影响共识；为确保评估事务公正性，评价团队成员的思想品德和评价人员选取机制构成了重要的制约保障。程序公正就是涉及评估的每个工作环节都要体现公正的原则。方法公正是指评估的方法要公正。评估方法的统一、一致是方法公正的基本要求。

（二）全面原则

全面原则是指对中职学生的思想政治教育效果实施综合性评价。这意味着，评估工作需覆盖多个层次，全面展开：评估对象包括教育效果与教育过程；在教育实施的评估方面，需评估教育内容与教育方法；在教育效果的评估方面，不仅要评估学生的思想和心理，还要评价学生的实际行为。

学生思想政治教育坚持评估的全面原则，主要理由如下。

首先，学生思想政治教育的成效显现在多方面。评估中职学生思想政治教育应当立足全局，将教育活动的整个过程及社会影响纳入全面的考察与评估之中。目的是避免出现只关注部分细节而忽视整体，或者只着眼于整体而忽略细节。学生思想政治教育的效果如同一个多维的构造，从个人角度来说，它涉及认知理解、心理素质、生活习惯，以及这些因素所引发的具体社会成效；从社会层面来看，它关乎政治、经济、文化等社会领域，以及社会生态和可持续发展；从思想政治教育本质上讲，它包含了已经完成的教育过程及其成效，以及对学生思想政治教育的进一步开展。因此，在进行评估时，不应该只针对某个特定方面或者局部，而应当进行全方位评估。

其次，中职学校思想政治教育成效的显现是众多因素相互影响的综合体现。中职学校思想政治教育颇为复杂，其效果的形成依赖众多因素的共同作用和协调一致的参与，例如，教育目标、内容、方式选择的合理性，并得到积极向上的教育氛围的支持；既要求教师真诚的情感投入和强大的教育能力，也期望他们以身作则。因此，要全方位评估，才能准确把握在思想政治教育中各类因素的真实状况。

最后，全面评估有助于准确甄别各方面的优劣，推动学校思想政治教育向前发展。由于政治思想教育各组成部分众多而且互相要求一致性与协作，正是基于此，只有通过全面的评估，才能细致地审视和辨识各个环节的优缺点及其内在联系的得失，并发现存在的问题，这样才能有效地实施改善策略，促使学生思想政治教育持续、健康、和谐地发展。

坚持评估的全面原则需遵循以下要求。

其一，评估指标必须全面。要坚持评估工作的全面性，评估体系中的评估指标必须是全面的。所谓的指标，就是预先设定的目标，是对学生思想政治教育各环节和活动中设立的评判标准。有了这些标准，才能进行有效评估。因此，要实施全面的评估，需确保拥有全面的衡量指标，并根据这些详尽的具体指标认真评估。

其二，评价过程应该包括所有"评估主体"。人类的天性根植于社会属性，因而，人在各样的社会关系中得以生存发展；同理，每个机构和集体亦不可避免地涉足社会互动，在与其他个体、机构以及团体的互动中呈现其社会价值与影响力。因此，在对个别学生的思想政治教育成效进行评估时，应该将这些被评估者的相关人员——了解情况的人员纳入评估主体，这种做法使得评估更为全面，更加有利于消除片面性和主观性对评估造成的偏差。

其三，评估依据必须具备全面性。只有当采集的信息足够全面和细致时，评估工作才能达到准确与公正的效果。全面性信息不仅应涵盖教育过程中的各个方面，而且要包含能展现教育成效的相关资料；这不只是指那些容易获取的直接性信息，还包括由非教育主体提供的间接性信息，后者有时能提供更为客观和真实的资料。

其四，评估过程必须全面。对于评估过程来说，它以一连串连贯的活动脉络来呈现和施行。要实现全面性，评估各个方面的工作必须周全、扎实、细致地完成，决不能草率了事。其中包括选择恰当的评估模式、方法和标准，详细地掌握所需的评估信息，对收集到的信息进行严谨、仔细验证和核对，并对评估的每个环节坦诚开放地征求多方面的意见和建议。每个步骤的完整性是确保评估全面性的关键。

（三）实效原则

实效原则就是要重点关注并强调学生思想政治教育的实际效果。换言之，在对学生思想政治教育进行评估时，切实把学生思想道德素质的提高，尤其是学生积极行为及其效益摆在极为重要的地位进行衡量的原则。

学生思想政治教育强调实效性评估原则所依赖的基础论证可概述如此。

首先，实效是学校思想政治教育的首要原则。人们对于实践效果的追求，终究归结于实践结果的实际效益。进行思想政治教育的宗旨在于提升学生的思想道德水平，尤其是培养学生的良好行为模式，这是思想政治教育的首要原则。因此，对思想政治教育成效的评估应当重视实效，而非徒有其表的形式主义。

其次，学生思想政治教育贵在注重实效，是对教育质量严肃认真的体现。实际工作中，实事求是、诚信务实正是我党提倡的优良传统。然而，长期以来，形式主义和华而不实的风气已经达到了严重程度,这种现象在学生思想政治教育中也极为突出,因此,不少思想政治教育受到了外界的非议。在评估学生思想政治教育时,我们要注重实效,这正体现了倡导和发扬我党求真务实的优良传统。

最后,着力于实效的追求为学校思想政治教育指明了正确方向。长期以来,受官僚主义与形式主义的影响,在思想政治教育的评估过程中也出现了严重的形式主义问题,忽视了对实质效果的追求,造成对学生教育的负面影响。通过坚持评估的实效原则,中职学校的思想政治教育及其评价体系可以树立踏实和实事求是的积极导向。

坚持实效原则的基本要求如下。

其一,树立牢固的实效意识。树立牢固的实效意识,摒弃形式主义,不仅避免了资源的浪费,同时也有利于维护党在学校思想政治教育工作中的形象和威望。

其二,务求以事实验证成效。这意味着不注重听汇报、审阅文件资料或考查精心策划的场景,而是要通过工作、生活、学习场景中真实发生的事例、情况和数据来考量、评估并反映其实效。

其三,必须在实际情境下寻找并验证"实"。这份"实"存在何处呢?多年来,由于流于表面、仅注重形式的考察与评估,让人们的诚信遭到侵蚀,令人扼腕叹息,现在讲"实"、找"实"变得艰难。可以说,道德乃一种精神,不是泛泛之精神,它独树一帜的精神实质恰恰体现其实践性。这份"实"贯穿于我们的工作、生活和学习中,在广大人民群众的眼中、口中和心中。要想追寻并确认"实",就要深入被评价者的实际生活中,深入人民群众之中。

其四,评估实效需要求实事求是的态度。通过实证手段去衡量成绩,必须在现实的基础上寻找和认定实效,这就需要评估者保持一种脚踏实地的工作作风,即要接地气、深入调查研究、深入群众,实事求是。如果做不到这一点,便难以体现真正的实效,评估也便失去了其本来的价值。

二、学生思想政治教育评估的创新性原则

(一)科学性与合理性相统一

在构建评估体系的过程中,首要原则是要保障其具备科学基础和适用性。该原则覆盖了评估过程中的两个层面:科学性和合理性。科学性强调评估体系应当有坚实的理论基础和科学支撑,保障评估指标的清晰准确;执行评估的专业人员需要采用先进的技术和方法,具有严谨的科学态度,以确保评估结果能够真实反映被评估项目的全貌。合理性则意味着评估过程需遵守合乎理性和逻辑的标准,采用的评估指标应当基于合理的要求。评估体系必须包含更丰富的信息、回答更

多问题，并且设计的评估指标能够经受时间的考验。坚持合理性原则要求评估体系内的指标既要保持独立性，又要相互补充，全方位体现教育目标的要求，避免指标间的冲突、雷同现象或重复评分的情况发生。

（二）独立性与可比性相统一

确保中职学生的思想政治素质评估效力，须在评估过程中坚持独立性原则，这是构建科学评估体系的根本。秉持独立性原则，可以消除亲情等人际关系对评估工作的潜在影响，确保评估的整体公正性。此外，评估操作需要遵循可比性原则。评估者在实施评估时要避免单一化导致的结果同质化，使评估失去独特价值，并需关注评估因素的层次性和可对照性。从评估体系构建起步，至评估完成，必须妥善把握独立性与可比性的平衡。将独立性与可比性相结合，既要重视评估指标间的相互联系，构建能够相互参照的评估指标体系，又要关注保持指标间的相互独立以及评估主体间的独立性，从而确立一个可参照的评估结果。

（三）可测性与可接受性相统一

评估体系的建立意在保障评估活动的公开性和诚信度，且所采用的评估方法必须简易而不复杂，便于实行。在评估环节，教师应当坚持重要指标的可测性原则，并确保评估手段的清晰明了，直接展现评估结果，以加强评估的指导效果，并防止因解释过于模糊而导致产生歧义。

可接受性原则强调的是评估机制须能有效发挥其目标导向功能，确保评估目标体现党和国家对于中职学校在思想政治教育上的基本要求，并且真实地反映这方面教育的现状及需求。它保障中职学校的管理层、相关部门、教师及学生对思想政治教育都有所认同，心理上达成共鸣、思想上形成共识。通过这种方式，思想政治教育实践活动都将朝着同一方向努力，进而确保关于学生思想政治教育的各项政策、纲领及实施办法都能有效落实，增强思想政治教育的实效性与针对性。

（四）定性与定量相统一

定性和定量是分析解决问题的基本方法，并对揭示事物的基本特征具有重要作用。定量分析指的是利用量化的技术手段对每个被监测的点（或者评估点）进行某一具体指标的数值测量，并依据概率学和统计学的理论分析社会事件的数值特征、数量关系以及在发展过程中数量的变化等各个方面。定量分析助力于评估者对学生思想政治教育的深刻理解，从而能够准确把握事务发展的内在逻辑。这一过程要求教师仔细观察细节，掌握系统论的分析方法，全面准确地认知实际情况，提高评估指标的准确性，用明确的量化标准取代抽象含糊的表述，以定量数据为问题断定、评断论证的根据及检验评价的尺度，最大限度地将量化标准渗透于所有环节，使学生思想政治教育工作成为可量化、可衡量的切实管理系统。

学校在思想政治教育评估体系中，应明确界定评估标准和适用手段，构建评估细节的明确体系，以便评估执行者能够准确把握评估导向，此外，应详细阐释评估的职责和规范，并对监测指标进行定量的详尽阐释，进而实现准确的量化考核。这一评估体系的构建注重评估主体与被评估对象、评估内容及评估结果之间的有机联系，并适当把握定性评估与定量评估之间的互动关系。

（五）结构与功能相统一

在构建思想政治教育评估标准体系时，必须遵循结构与功能相统一原则。所谓结构，是指思想政治教育评估的各组成部分在系统内的互动模式。而功能，则涉及各评估要素在一定联结形式下形成的结构，对实施思想政治教育所带来的实际成效。

思想政治教育的功能涵盖三个方面：人才培养——培养相关教育人员的素养和技能；教学流程——实施思想政治教育的过程；成效评估——思想政治教育所取得的成效。其中，结构代表教育体系的内部联系和潜力，而功能则反映了其对外的作用和实际效力。这两部分的和谐统一构成了它们之间的必然关系。

结构与功能统一，其主要表现归纳为以下几点：首先，整体性。整体性指导评估者在评估思想政治教育时，必须时刻察觉到教育的总体指向。尽管必须对思想政治教育中的单个因素和个别实例予以足够注意，但这些单独部分的评估要顺应整体目标的评价。其次，层次性。评估思想政治教育时，评估者应密切关注总体与各层次、不同层次之间的差异及其相互作用。无论是教育工作者还是接受教育者，他们都存在各自的层级，其评价也应该相应地分层次进行。再次，结构性。评估者进行思想政治教育评估时，不可忽视教育结构的配置、人员队伍建设以及教育对象间的比重等要素。最后，相关性。评估思想政治教育时，评估者需细致考量学生思想政治教育所处的众多环境因素及其相互之间的关系与影响，诸如社会环境、校园环境、家庭环境、社交环境以及网络环境等对中职学生思想政治教育的促进与作用。

（六）静态与动态相统一

静态评估是指在一定时间、空间和情境中对学生接受思想政治教育成效及其当前状态进行评估。动态评估则是基于时间连续性、环境及场景的变化过程，对学生思想政治教育的变动过程和发展趋势进行评估。静态评估揭示了教育的即时景况；动态评估揭示了教育的发展潜力和发展趋势。静态评估构成了动态评估的出发点与坚实基础。若缺乏对教育当前状况的深入了解与把握，便无法了解其发展的潜能、趋向及潜在进程。在学校思想政治教育领域，评估者不仅须开展静态评估，更应注重动态评估的实施。

对思想政治教育进行动态评估，意味着需要将相关人员和事件置于整个过程之中进行评估，既要看到其基础与现状，也须关注其发展潜力与发展趋势。

坚持学生思想政治教育评估静态与动态相统一原则，有助于评估者运用发展的观点和辩证的思维，坚持客观与全面的评估原则，打造一套科学的评估标准体系，从而多角度、多层次地深入分析评估学校学生思想政治教育的效果，将其显性效果与隐性效果、直接效果与间接效果、近期效果与长远效果综合统一考量，最终得出一个客观、全面、科学的评估结论。

参考文献

[1] 魏锦京，郝晓丽，张月．新时代大学生思想政治教育研究与探索 [M]．北京：研究出版社，2019．

[2] 胡绍红．大学生思想政治教育研究 [M]．北京：研究出版社，2020．

[3] 曾倩．大学生思想政治教育的时代诠释 [M]．北京：研究出版社，2019．

[4] 吉爱明．新时代大学生思想政治教育发展探索 [M]．北京：北京工业大学出版社，2020．

[5] 陈月兰．核心价值观引领大学生思想政治教育研究 [M]．北京：中国商务出版社，2018．

[6] 胡永松．新时代背景下大学生思想政治教育创新研究 [M]．北京：国家行政学院出版社，2018．

[7] 钟家全．互联网与新时代高校思想政治教育队伍建设 [M]．成都：西南交通大学出版社，2021．

[8] 王晖慧，李伟斯，李萌杰．新时代大学生思想政治教育发展探索 [M]．长春：吉林大学出版社，2018．

[9] 张春雨．新时代高校辅导员政治引领能力提升研究 [J]．河北农业大学学报（社会科学版），2022（4）：126-132．

[10] 杨涛，黄斌．"社会调查＋思政教育"协同育人实践教学模式构建的四重逻辑 [J]．西安财经大学学报，2022（4）：15-25．

[11] 王轶哲．新时代高校劳动教育与思想政治教育融合：价值、困境与路径 [J]．黑龙江教师发展学院学报，2022（6）：7-9．

[12] 赵普光，邱田鑫．新时代高校辅导员胜任力模型构建研究 [J]．聊城大学学报（社会科学版），2022（3）：141-149．

[13] 辛显华，孟佳琳．新发展阶段高校思想政治教育高质量发展研究 [J]．锦州医科大学学报（社会科学版），2022（2）：1-6．

[14] 王海波．新形势下大学生思想政治教育工作路径探析 [J]．齐鲁师范学院学报，2022（2）：58-63．

[15] 蒋百平．新媒体环境下大学生思想政治教育创新路径研究 [J]．南宁师范大学

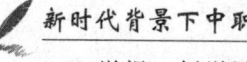

学报（哲学社会科学版），2022（1）：82-93.

[16] 李敏，颜吾佴. "00后"大学生思想行为特点与教育对策研究[J]. 华北电力大学学报（社会科学版），2021（6）：114-124.

[17] 张凤寒，钱云光，张琼. 新时代高校大学生网络思想政治教育内容构建[J]. 思想政治教育研究，2021（6）：135-139.

[18] 冯浩然，孙昕皓，蔡阿雄. 新时代大学生思想政治教育的现状与对策探究[J]. 中国多媒体与网络教学学报（上旬刊），2021（11）：116-118.

[19] 冯刚. 论新时代高校思想政治工作守正创新[J]. 上海交通大学学报（哲学社会科学版），2021（5）：31-40.

[20] 杨基燕，傅映平. 移动互联时代创新发展高校思想政治教育路径研究[J]. 学术探索，2021（9）：149-156.

[21] 曾庆亮，张浪. 人文关怀和心理疏导：大学生思想政治教育新着力点[J]. 西华师范大学学报（哲学社会科学版），2022（2）：53-60.

[22] 包治国，李桂东. 基于新发展理念的大学生思想政治教育路径探索[J]. 西南石油大学学报（社会科学版），2021（4）：105-112.

[23] 顾家山. 习近平高校思想政治工作重要论述的精神实质、问题导向与科学方法[J]. 学术界，2021（3）：5-13.

[24] 杨亮军. 高校思想政治教育立体化育人体系的建构[J]. 教育科学，2021（2）：31-38.

[25] 张微，吴婷. 新时代高校"三全育人"研究[J]. 理论建设，2021（1）：88-92.

[26] 尹楠，徐志远. 新时代高校思想政治教育内容的创新发展理路——从"有意义"到"有意思"[J]. 学术探索，2021（1）：122-128.

[27] 彭正德，邵似玉. 新时代高校思想政治教育主要矛盾探析[J]. 思想教育研究，2020（7）：45-50.

[28] 丁丹. 新时代高校"三全育人"探赜：机理、问题与路向[J]. 思想教育研究，2020（6）：119-123.

[29] 黄蓉生. 新中国70年大学生思想政治教育发展的理论与实践逻辑[J]. 思想政治教育研究，2020（1）：110-116.

[30] 冯刚，严帅. 新中国成立70年来高校思想政治教育的成就、经验与展望[J]. 教学与研究，2019（9）：12-24.

[31] 冯刚，严帅. 新时代大学生思想政治教育工作质量评价的方法和路径[J]. 国家教育行政学院学报，2019（5）：46-53.

[32] 刘建锋. 新时期高校思想政治教育内容创新研究[J]. 集美大学学报（教育科

学版），2019（1）：7-14.

[33] 冯刚，严帅. 改革开放40年高校思想政治教育管理的发展历程[J]. 北京师范大学学报（社会科学版），2019（1）：10-22.

[34] 赵丽华. 习近平新时代中国特色社会主义思想引领高校思想政治工作研究[J]. 中共山西省直机关党校学报，2018（5）：13-18.

[35] 秦书生，李毅. 习近平高校立德树人思想的逻辑阐释[J]. 现代教育管理，2018（8）：1-8.

[36] 曹斯亢. 新时代高校思想政治工作的现实思考与实践探索[J]. 枣庄学院学报，2022（4）：49-55.

[37] 张二军，姜大为. 高校思想政治教育协同育人模式研究[J]. 南昌师范学院学报，2022（3）：59-62.

[38] 黄蓉生. 新时代高校思想政治教育创新若干特征论略[J]. 思想教育研究，2022（5）：49-55.

[39] 王方国. 立德树人视域下大学生思想政治教育工作者考评维度探析[J]. 乐山师范学院学报，2022（5）：124-130.

[40] 冯定国. 高校思想政治理论课铸牢新时代大学生使命担当意识的路径探析[J]. 新疆社科论坛，2022（1）：107-112.

[41] 王莹. 新时代大学生思想政治素质评价的问题与对策[J]. 黑龙江教育（理论与实践），2022（2）：25-27.

[42] 李亚青，刘欢. 融媒体时代高校思想政治教育工作的难点及对策研究[J]. 中国多媒体与网络教学学报（上旬刊），2022（1）：169-172.

[43] 赵振，李梦妍. 新媒体在高校思想政治工作中的应用研究[J]. 继续教育研究，2021（12）：90-93.

[44] 臧小林，周廷勇. 高校用习近平新时代中国特色社会主义思想铸魂育人的四重维度[J]. 重庆大学学报（社会科学版），2021（6）：250-261.

[45] 毛丹. 新时代高校课程思政建设的意义、内容及实践路径[J]. 井冈山大学学报（社会科学版），2021（6）：58-64.

[46] 田川，熊明巧，万泱. 全媒体时代高校网络思想政治教育的新路径[J]. 教育学术月刊，2021（5）：66-71.

[47] 罗茂，胡守敏. 论新时代大学生思想政治教育质量提升理路[J]. 重庆文理学院学报（社会科学版），2020（6）：123-132.

[48] 张策，张耀元. 新时代背景下新媒体融入高校思想政治教育的价值、原则及路径[J]. 国家教育行政学院学报，2020（8）：60-65.

[49] 叶进，董育余. 新时代大学生网络思想政治教育的现势及对策[J]. 云南农业

大学学报（社会科学），2020（3）：106-110.

[50] 王宏鹏. 新时代大学生思想政治教育实效性的生态建构 [J]. 集美大学学报（教育科学版），2019（5）：32-37.